法制现代化转型与法律意识问题研究

RESEARCH ON THE TRANSFORMATION
OF
LEGAL SYSTEM MODERNIZATION
AND
LEGAL CONSCIOUSNESS ISSUES

金　星◎著

法律出版社 LAW PRESS · CHINA
北京

图书在版编目(CIP)数据

法制现代化转型与法律意识问题研究 / 金星著. --北京：法律出版社, 2023
ISBN 978-7-5197-8093-7

Ⅰ. ①法… Ⅱ. ①金… Ⅲ. ①法制-研究-中国②公民-法律意识-研究-中国 Ⅳ. ①D920.0②D909.2

中国国家版本馆 CIP 数据核字(2023)第 125448 号

法制现代化转型与法律意识问题研究
FAZHI XIANDAIHUA ZHUANXING YU FALÜ YISHI WENTI YANJIU

金　星　著

责任编辑　赵明霞
装帧设计　汪奇峰

出版发行　法律出版社
编辑统筹　法商出版分社
责任校对　张翼羽
责任印制　胡晓雅
经　　销　新华书店

开本　A5
印张　5.5　　**字数**　143 千
版本　2023 年 8 月第 1 版
印次　2023 年 8 月第 1 次印刷
印刷　北京虎彩文化传播有限公司

地址:北京市丰台区莲花池西里 7 号(100073)
网址:www.lawpress.com.cn
投稿邮箱:info@lawpress.com.cn
举报盗版邮箱:jbwq@lawpress.com.cn

销售电话:010-83938349
客服电话:010-83938350
咨询电话:010-63939796

书号:ISBN 978-7-5197-8093-7　　**定价**:38.00 元

凡购买本社图书,如有印装错误,我社负责退换。电话:010-83938349

目录

引　言

法治中国建设是百余年来中国法制现代化转型整体进程中的重要一环，也是法制现代化的最终目标，法治中国的建成，也就意味着法制现代化转型的最终完成。而当下，我们正处于完成该进程“最后一公里”的关键阶段。因此，从学术上对法制现代化进程以及法治进行有针对性的梳理与研究，指出问题所在，并提出相应的理论主张，是法学研究者的使命与担当。

关于法治中国建设相关问题的研究，是近十年来的学术热点问题，已经产生了大量的研究成果。其中，既有从微观的“制度的视角”，就如何构建某一具体的现代法律制度所进行的研究；也有从宏观的“策略的视角”，就如何设计法治中国建设的整体方案所进行的研究。而本书所进行的，则是介于这二者之间的一种或可称为中观的“法律文化视角”的研究。当然，之所以要采取这种中观层面的研究策略，既不是无原则的折中，也完全不是学术投机的“两头讨巧”，而是因为在这种研究视角下，可以透视出法治中国建设中面临的特殊问题，与此同时，它也可以为解决这些问题提供某种理论启发。

根据法律文化学的基本理论,法律文化由制度文化与观念文化两大要素所构成。这也就是法学上通常所说的法律制度与法律观念,或者法律规范与法律意识。而关键的地方在于,法律文化当中的这两种要素具有"同构性"的内在特征。换言之,法律制度与法律意识二者之间是互相支撑的,法律意识为法律制度的建立进而发挥其规范作用提供必要的精神、观念与心理等层面的支持;而法律制度则反过来会确定、支持和强化相应的法律意识。这是由于法律文化当中法律制度与法律意识这两大要素之间的同构性关系,任何一方的缺失甚至弱化,都必然会影响到另一方,并最终导致整个法律文化在其功能发挥上产生缺陷。

由于中国的法制现代化在性质上属于典型的外源型现代化,换言之,法制现代化转型是在既有的传统法律文化的基础之上来推动实施的。由此,就自然导致了二元法律文化并存的现实局面,即中国固有的传统法律文化与移植和继受而来的现代法律文化同时存在的状况。在这两种法律文化的邂逅与交锋当中,当然也存在彼此统一与协调的一面,但同时也明显存在互相排斥与冲突的一面。如果从法律文化的视角来观察的话,百余年来持续推动的法制现代化进程,其导致的一个现实局面就是,传统与现代两种法律文化在其制度文化与观念文化的同构性上,都存在"同构性不足"的突出问题,而这种状况又必然会影响法律文化在建构法治秩序上的功能的正常发挥。

大致看来,对于现代法律文化来说,其同构性不足的主要表现就是,尽管现代法律制度甚至现代化的法律体系都已经建立起来了,但与之匹配的现代法律意识还没有普遍建立起来。由于无法得到社会大众普遍持有的法律意识的支持,现代法律制度在其规范性作用的发挥上就受到了极大的限制,社会层面普遍的自愿守法的情况并不充分。而法律制度如果过度依赖于国家强制力的保障,则无疑会推高法治的社会成本与经济成本。对于传统法律文化来说,其同构性不足的主要表现则是,传统法律制度基本上不存在了,因为法制建设正是在废除旧法的前提下进行的。但在社会大众的心理层面，传统法律意识依旧存在，并且还在影响甚至制约着他们的行为。

基于这一观察，我们通常所说的传统法律文化与现代法律文化的冲突，更确切地说，实质上是传统法律意识与现代法律文化，包括现代法律制度与法律意识之间的冲突。而且冲突的具体表现也较为复杂，可能是积极的冲突，也有可能是消极的冲突。而我们的法制现代化转型或者说法治中国建设的顺利推进，就必须要正面回应和有效解决这些冲突。当然，现实的回应不是也不应当是“新旧更替”，即简单地用现代的完全取代传统的。相反地，我们是在坚持如下两个基本认识的前提之下，来思考和建构可能的解决之道的。首先，完成法制现代化转型进而实现法治中国是一个根本的前提。基于这一认识，解决之道就绝不是要退回到传统的状态，而是要对传统法律文化进行创造性的转化，让传统重生并使之适应于现代。其次，我们的解决之道要在法律文化中的制度文化与观念文化的“同构性”这一关键点上下功夫，让各种法律文化都能以完整的形态和健全的功能，共同助力法治中国建设。

大致而言，基于上述同构性要求，对于传统法律文化来讲，在其与现代法律文化相一致的情形之下，就要考虑如何重新构建起传统法律制度，以实现传统法律文化中制度与观念的同构；在其与现代法律文化存在积极冲突的情形之下，则是要考虑在观念上创造性地改造传统法律文化，使之符合现代法律文明的要求；在其与现代法律文化存在消极冲突的情形之下，则要思考如何在不违背现代法律原则的前提下，重构传统法律制度。对于传统法律制度的重构，由于我们是成文法传统，所以在重构过程中，最主要的考量是传统法律制度应当以何种非正式制度的形式来构建和发生规范作用，它当然也需要正式的现代法律制度为其提供必要的制度空间。对于现代法律文化来讲，主要就是与现代法律制度相匹配的法律意识应当如何培养和确立的问题。

法律社会学研究表明，法律意识的产生机制主要有两种：一种是工具主义路径;另一种则是规范主义路径。简单来说,依据工具主义路径,法律必须能够解决社会问题,才能让社会成员产生出相应的法律意识来,也就是说,让他们选择自愿接受法律的支配。而依据规范主义路径,必须要有善法,社会成员才会产生遵守法律的道德自觉。根据这种理论,在现代法律意识的培养上,就需要通过提高法律制度解决实际问题的能力,以及提高法律制度自身的品质等方面来创造出适合现代法律意识产生的环境。这不但涉及法律制度从制定到实施的各个环节,也涉及法治理论自身的建构与不断完善。因为,从古典时代开始,良法与善治就是法治理论与法治实践所共同关注的核心问题。

最后需要着重声明的一点是,本书的研究重点在于通过法律文化的视角,来探讨法制现代化转型以及法治中国建设中的法律意识冲突的问题。所以,对于法律意识的概念界定以及法律意识的内部构成等问题,都不是本书意欲探讨的问题。以此,在本书的阐述当中,就对法律意识采取了一种较为宽松的界定。在任何一种法律文化当中,法律意识是社会成员对于法律制度之具体设置的认知,以及支撑该制度之基本价值的信奉,进而在此基础上所产生的那种认可法律制度的正当性,并自愿服从法律支配的观念或者意识。也因如此,本书在后面的论述中所提及的法律意识、法治意识、法治的正当性信仰、法治信仰等,完全是基于所探讨的具体问题的需要,需与之对话的学者对于术语的习惯用法,以及行文方便等缘由而分别使用的表述。本书并未对其做强制生硬的统一,尽管用语不同,内涵却是始终一致的。

第一章　二元法律文化与法治

一、二元法律文化的形成

（一）二元法律文化的成因

法治中国建设，实则是自近代以来所开启的法制现代化进程的最重要的环节，法治中国的实现也就是法制现代化进程的最终完成。所谓的法制现代化，如果从法律文化——制度文化与观念文化——的角度来审视，[1]就是要在法律制度与法律观念上同时完成现代化转型。换言之，就是既要在国家层面上构建起完善的现代法律制度体系，也要在社会层面上确立起普遍的现代法律意识。唯有如此，才能真正建立起法治，进而为国家治理体系与治理能力的现代化提供重要依托。这当中，制度文化为法治秩序的建立与维护提供刚性的和基本的制度保障，而观念文化则为法治秩序的建立与维护提供柔性的但必要的精神支撑。

---

〔1〕　梁治平先生在他发表于1985年的文章里就曾指出，从形式上讲，法律文化包括法律制度与法律意识两个方面。参见梁治平：《比较法与比较文化》，载《读书》1985年第9期。

从中国一百多年来历经坎坷的法制现代化进程来看，我们属于典型的外源型法制现代化国家。正如王健教授指出的，“自从洋务运动开风气以来，中国以‘模范列强’为挽救朝纲、收回法权与权利的唯一选择，务使中国法律通行于中外……以1949年为分界，前有英美德法日的法学专家，后则有苏联的红色法学专家，相继来华，先后移植或传授了大陆法、英美法以及社会主义法，对中国法律由传统导入近代具有不可忽视的作用”〔1〕。由于现代化转型并不是一个内生的、自然的过程，所以法律文化的现代化变迁就显得尤其艰辛且复杂。其中一个突出的问题，就是法律制度与法律意识的现代化转型难以同步推进、更难以共同完成，由此而引发诸多领域的冲突与失序。从社会转型的角度看，这当然是所有外源型法制现代化国家所面临的共同的难题，因此自然也就成了法治中国建设进程中必须直面并努力解决的问题。

此前持乐观态度的现代化论者认为，法制现代化进程中所遇到的上述难题仅仅是社会转型中经历的一种短暂性“阵痛”，它最终会随着一国政治、经济及社会诸领域整体的现代化转型而归于消弭。换言之，就是该国的“传统法律文化”一定会在制度与观念两个层面都彻底地完成其现代化转型。然而，外源型法制现代化国家转型的实际过程却在很大程度上颠覆了这一认识。质言之，如果仅从制度设置层面来看，一国的法律制度的确可以在很大程度上快速地完成现代化，这一现象在具有成文法传统的国家里表现得尤为明显。但如果从社会大众普遍所持的法律意识上来看，就会发现其传统法律意识依然强韧地存在，并且在有力地形塑着人们的行为，因此也在实质上制约着法治秩序的建构过程。

之所以会产生如此吊诡的现象，其原因主要在于如下两方面：首先，是法律意识的文化延续性。在法律文化当中，相较于制度文化，

〔1〕 王健：《西方法学邂逅中国传统》，知识产权出版社2019年版，第3页。

观念文化属于文化的“深层结构”或曰“文化潜意识”。[1] 它比制度具有更为深厚和久远的文化积淀,因而也就更难在短时间内发生大的根本性的变迁,这是其文化延续性的重要表现。基于这一延续性,即使其所依存的社会条件业已发生某种程度的变化,但传统法律意识可能依然会深植于普通社会大众的内心之中或潜意识里,进而制约着他们的行为选择。这一现象的存在,构成了对法制现代化进程的“软约束”。其次,则是社会转型的历史连续性。由于社会整体的现代化转型绝对不可能一蹴而就,所以传统法律文化——包括法律意识甚至法律制度——在某种程度上依然有其存续的客观基础。这一现象的存在,则又构成了对法制现代化进程的“硬约束”。

(二)二元法律文化的表象

正是由于同时存在软硬两方面的客观约束,在法制现代化进程中,就必然会形成传统法律制度、法律意识与现代法律制度、法律意识二元并存的复杂格局。其间,又因为自晚清所开启的法制现代化进程还受到了几轮政治变革过程的巨大影响,所以实际情况就更趋复杂了。如梁治平先生所言,“现代法律制度在中国的建立经历了两个阶段,第一个阶段是从20世纪初到40年代,持续了40年,第二个阶段自20世纪80年代始,至今也有将近二十年时间。与这两个阶段相对应,有两次引介和学习西方法律制度(及思想)的热潮,也有两次大规模的国家立法运动。不过,就在这两个阶段之中和之间,中国社会经历了不止一次和不止一种革命:传统的帝制为共和国所取代,现代资本主义的发展被共产主义实践所代替”[2]。

这几种不同法系之间的递变,并不是全然相异的文化传统之间的互相替代,其间也存在某些相同或相近的文化特征,比如在这几种法系中都秉承了成文法传统等。但不可否认的是,这几种法系之

---

〔1〕 参见孙隆基:《中国文化的深层结构》,广西师范大学出版社2011年版,第22页。

〔2〕 梁治平:《论法治与德治:对中国法律现代化运动的内在观察》,九州出版社2020年版,第104页。

间更多的还是表现为从制度设置到基本理念上的巨大差异。此外，在不足百年的时间段内经历如此繁复的法律文化上的剧烈变迁，从社会大众的层面上观察，也的确导致了认同不足与消化困难的后果，这就更进一步扩大了法律制度与法律意识之间的矛盾冲突及其复杂化程度。这一基本态势，构成了自近代以来我们的法制现代化变迁，进而法治中国建设的整体背景。也正因如此，我们必须要从法律文化——制度文化与观念文化的角度进行综合思考与深度分析，以期为有效解决两种法律文化之间的冲突，并促进相互之间的融合提出理论上自洽且实践上可行的策略与方案，以推动法制现代化的最终完成，并真正建立起法治中国。

二、二元法律文化中的法律意识

（一）法律意识的内涵

法律意识对于法治秩序的建构尽管意义重大，但从国内法律文化研究的大体情况来看，研究的兴趣与成果多见于制度文化方面，而且这种趋势无论是在传统法律文化还是在现代法律文化的研究上都明显如此。在观念文化亦即法律意识的研究上，成果相对要少很多，并且在已有的研究成果当中，又以对传统法律观念的研究为主，对现代法律意识的研究则大多散见于部门法，如宪法、民法、刑法以及诉讼法等的研究当中。理论法学界对于法律意识的研究大致从20世纪90年代开始，研究重点则主要集中于如下两个主题：

第一个主题是从学理上探究法律意识与法律制度之间的关系。具体观点可以归纳为四种：第一种观点认为法律制度依赖于法律意识，是统治阶级的意志通过法律意识这一中介，才最终产生了法律；[1]第二种观点认为法律意识是法律制度产生的主观意识基础，但它具有一定的独立性，是社会生活条件与法律制度之间的中

---

〔1〕 参见朱景文、李正斌：《关于法律意识与法的关系的几个理论问题》，载《中外法学》1994年第6期。

介;[1]第三种观点认为法律意识源于法律制度;[2]第四种观点则认为法律意识与法律制度共同起源于特定社会的物质生活条件。[3]可以看出来,这些研究基本上都是从抽象的哲学观点出发来分析法律制度与法律意识之间的关系的,尽管也存在些微区别,但唯物主义是其共同的哲学底色,基本的论述都是基于"法是统治阶级意志的体现"以及"法的本质是由特定社会的物质生活条件决定的"这两个马克思主义法学的经典论述的。

第二个主题则是界定法律意识的内容,或者说法律意识的构成要素。关于法律意识的具体内容,刘旺洪教授所作的学理界定最为细致全面,他认为从横向结构上看,法律意识包括了法律知识、法律理想、法律情感、法律评价与法律信仰,正是这些要素的有机整合才构成了法律意识;从纵向结构上来看,他认为法律意识包括了法律心理、法律观念和法律意识形态,正是这些要素的依次递进体现了法律意识自身定型化与理论化的过程。[4] 从这些研究中大致可以看出,理论法学界当时已经敏锐地注意到了法律意识的重要性及其丰富内涵,也做了相当多的学术努力来澄清这一问题。但比较遗憾的是,学界并未对此作实证的研究,即分析当时社会大众的具体法律意识究竟是怎样的,更没有阐述其对法治的具体影响是怎样的。

同属外源型法制现代化的日本,其学界对于法律意识问题的研究比我们要早。从我国现有的译介情况来看,早在 20 世纪 60 年代,就有知名学者川岛武宜对日本人的法律意识进行了深入的

---

〔1〕 参见刘旺洪:《法律意识之结构分析》,载《江苏社会科学》2001 年第 6 期。
〔2〕 参见李步云:《法律意识的本原》,载《中国法学》1992 年第 6 期。
〔3〕 参见万斌编著:《法理学》,浙江大学出版社 1988 年版,第 172 页。
〔4〕 参见刘旺洪:《法律意识之结构分析》,载《江苏社会科学》2001 年第 6 期。

分析。[1] 其研究的主旨有两个，即阐释法律意识的外在产生机制及其内在构成要素。首先，对于法律意识的外在产生机制，川岛武宜也坚持唯物主义的观点，认为法律意识依赖于特定的经济与社会条件。据此，他认为日本的传统法律意识建立在以农业为主的村落社会与“协同体”关系之上，而其现代法律意识则产生于市民社会与商品经济的条件之下。[2] 其次，对于法律意识的内在构成要素，川岛武宜认为法律意识是与法律这一社会统制过程相关的各种行为的心理前提。[3] 具体来说，法律意识包括了主体的“法之认识”、“法之价值判断”以及“法之感情”等。

相较而言，川岛武宜对于法律意识问题研究的最大特色，某种意义上也是其最大的学术贡献在于如下两方面：首先，川岛武宜将法律意识这一微观的“小问题”置于法制现代化这一宏观的“大背景”之下进行考察，因此，法律意识在他看来就不再是单纯的、静态的、理论上的问题，而是复杂的、动态的、实践中的问题。其次，川岛武宜的研究采用的是法律社会学的路数，换言之，注重实证的研究。也正因如此，他的研究就极为敏锐且准确地抓住了日本法制现代化进程中的特有困境，亦即传统法律意识与现代法律制度之间的矛盾与冲突问题。诚如季卫东先生评论说，“川岛武宜主张建立现代法治秩序不是制定一套完备的典章制度就万事大吉的，更重要的是要致力于改变意识形态、获得文化霸权（hegemony）”。[4] 也正因如此，川岛武宜的研究也就把握住了外源型法制现代化国家向现代化

---

〔1〕 季卫东先生在为川岛武宜《现代化与法》的中译本所作的“译序”里曾指出，“法学家川岛武宜与政治学家丸山真男、经济学家大冢久雄一起，常常被人们称为日本当代现代化理论的三座并列的高峰”。

〔2〕 参见[日]川岛武宜：《现代化与法》，申政武等译，中国政法大学出版社2004年版，第139－145页。

〔3〕 参见[日]川岛武宜：《现代化与法》，申政武等译，中国政法大学出版社2004年版，第135页。

〔4〕 参见季卫东先生为川岛武宜《现代化与法》中译本所作的译序《法律秩序的传统与创新》。

迈进过程中所面临的共性问题。因而其针对"现代化与法"这一主题所作的学术研究的价值也就不再局限于日本一国,而是在某种程度上展现出了普遍的意义。

(二)法律意识的现代化转型

必须承认,传统与现代二元法律文化背景下的法制现代化,是外源型法制现代化国家在转型当中所面临的特有困境。对于内源型法制现代化的西方国家,其本身并不存在上述转型中的如此困境。所以其学界在论及这一问题时,主要针对的也自然是中日等外源型法制现代化国家。例如,以研究现代化转型而闻名的德国社会学家韦伯就曾指出,西方社会的现代化转型是其兼具"形式理性"的政治、经济、法律、宗教等具有"选择性亲和关系"的相关社会因素彼此协力的一个自然结果。[1] 在韦伯看来,由于中国传统的儒家法律文化在制度与观念上都是属于与西方大相径庭的"实质理性"的,因而也就是与现代化是格格不入的。换言之,它无法实现向现代化的自动转型。

其后的另一位著名研究者昂格尔也曾指出,现代法治秩序依赖于如下两个历史条件:一是多元利益集团,即没有一个集团在社会生活中永恒地占据支配地位,也没有一个集团被认为具有一种与生俱来的统治权力;二是以一种"更高的"普遍的或神圣的法则为依据,用它来论证或批判国家制定的实在法。[2] 二者当中,前一项条件属于建构法治秩序的外在政治与社会结构,后一项则属于建构法治秩序的内在意识条件,亦即对于超验的自然法观念的信仰。在昂格尔看来,由于上述两个历史条件在中国社会中全都是欠缺的,所以在传统社会结构与法律意识的限制条件下,自然也就无法实现向

〔1〕 参见金星:《马克斯·韦伯思想中的自然法》,中国社会科学出版社2011年版,第104-130页。

〔2〕 参见[美]R. M. 昂格尔:《现代社会中的法律》,吴玉章、周汉华译,译林出版社2001年版,第63页。

现代法治秩序的转型。[1]

进一步观察的话，其实对外源型法制现代化国家向现代化转型的这种悲观认识，不仅体现在西方的研究者当中，在中日两国的研究者中，也不乏持相同或者相近立场的。川岛武宜在他的研究中曾极为精到地指出了日本所面临的转型困境及其症结所在，此即法律文化的内在矛盾——现代法律制度与传统法律意识的尖锐冲突——及其对于法制现代化进程的阻碍作用。川岛武宜在其《日本人的法意识》一文中，曾详细辨析了传统与现代法律意识在权利、法律以及诉讼等关键问题上的巨大文化差异，并基于这种差异提出了他对于日本实现法制现代化转型的具体主张。与上述西方论者的观点大体一致，川岛武宜也同样坚决地否定了日本在传统与现代法律意识二元并存的前提条件下实现法制现代化的现实可能性。故此，他提出日本必须通过滋养与其业已建立起来的现代法律制度相匹配的一元的、现代的法律意识来推动其法制现代化转型的方案。这种方案，我们姑且可以称其为西化的“一元论”方案。

然而，基于本书前述的文化的延续性与社会转型的连续性在软、硬两方面的双重约束，日本法制现代化转型的实际过程在很大程度上否定了川岛武宜所提出的方案。因此，川岛武宜之后的日本知名学者如六本佳平、棚濑孝雄等，尽管都充分肯定了川岛武宜对法律意识问题的研究所具有的启蒙价值，[2]但也明确指出了其所主张的西化的“一元论”路径的偏狭与不足。基于此，这些学者也阐述了日本固有的传统法律意识对于其法制现代化转型过程所具有的重要的补充性价值。[3]

---

〔1〕 参见[美]R. M. 昂格尔：《现代社会中的法律》，吴玉章、周汉华译，译林出版社2001年版，第82－104页。

〔2〕 参见[日]棚濑孝雄：《现代日本的法和秩序》，易平译，中国政法大学出版社2002年版，第3－27页。

〔3〕 参见[日]六本佳平：《日本法与日本社会》，刘银良译，中国政法大学出版社2006年版，第18页。

自20世纪90年代前后,国内学界也兴起了对法制现代化的研究。学界对于中国法制现代化转型过程中所表现出来的传统与现代法律文化之间的冲突,归纳起来讲,大致有以下两种不同的解决思路:一种思路认为,作为外源型法制现代化国家,我们必须在移植现代法律制度的同时,连带地移植其所依赖的法律观念、法律意识等文化与价值基础。此种观点,我们姑且称为"西化论"。另一种思路虽然承认我们的传统法律文化与现代法律文化分属两种不同的文化范式,[1]但同时也认为在固有的传统法律文化当中,依然存在极有价值的内容。因此,传统法律意识可以在现代法律制度下逐步完成其转型,并最终融入现代法治当中。此种思路,我们姑且称其为"转化论"。

三、二元法律文化中的内部关系

(一)法律制度与意识的和谐与冲突

人类行为必然会受到文化的深刻影响,并体现出其特有的文化烙印,在这当中,法律文化就是一种极为重要的影响因素。在任何社会里,人们的行为都无疑会受到外在的国家所制定的各种法律制度的制约,除此之外,它也会受到内在的社会流行的法律意识的制约。人是观念的动物,观念会在潜移默化中影响甚至制约着人们的行为选择,而人们的行为选择则会连带地影响到社会秩序的建构。因此,法律意识对于法律制度的运作,进而对于法治的意义就是不言而喻的,它是建构与维持法治秩序的极为重要的文化与心理因素。

中国属于外源型法制现代化国家,这当然是一个无法更改的客观事实,但中国也必须要完成法制现代化变迁进而实现法治中国,这同样是一种历史发展的必然趋势。也正因如此,在这一转型过程

---

〔1〕"范式"是科技哲学家库恩所发明的一个概念,"它代表着一个特定的共同体的成员所共有的信念、价值、技术等构成的整体"。参见[美]托马斯·库恩:《科学革命的结构》,金吾伦、胡新和译,北京大学出版社2003年版,第157页。

当中，传统法律文化与现代法律文化的长期并存及优秀传统文化与现代法律文化的融合就是一个无法回避的事实。换言之，我们的法治秩序必须、也应当在这种二元法律文化并存的固有背景之下有效建立起来，从某种意义上来说，这也是有中国特色的法治秩序的真正文化内涵。也正因如此，学界此前所提出的“西化论”与“转化论”两种转型路径，实际上都存在明显的偏颇与不足。在本书看来，简单的西化论路径对于具有深厚传统文化基础的中国社会来说，只能加剧法律文化之间的冲突，进而抬高法制现代化转型的社会成本，并最终阻滞法治中国的顺利建成。而简单的转化论路径则又忽略了两种法律文化之间固有的显著差异，而且因其实质上也还是主张要最终建立一元的现代法律文化，所以也依然存在两种法律文化之间发生冲突的现实可能。

本书认为，法制现代化转型进而法治中国的推进，其具体的路径选择必须从传统与现代两种法律文化，特别是两种法律意识将长期并存这一基本国情，同时也是固有约束的前提之下进行理性的思考和细致的设计。具体的路径选择，既不能盲目激进，也不能因循保守。因此，有必要从法律文化——制度文化与观念文化——上认真厘清当下中国的法律制度与法律意识的具体对应关系，即深入梳理传统与现代法律文化在具体的法律制度与法律意识上的不同匹配关系。必须承认，就我国法制现代化转型的现状来看，传统与现代两种法律文化在制度文化与观念文化的发展上是非常不平衡的。由于自晚清法制改革以来所开启的几次大规模现代化立法运动，对于传统法律文化而言，一个不争的事实就是，与其对应的传统法律制度基本上消亡了。然而，传统法律意识在社会成员中却依然广泛地存在。但是，对于现代法律文化而言，实际情况却是法律制度体系已经基本建立起来了，然而与其对应的现代法律意识在社会成员当中却并没有有效地普及开来。

正是基于这种社会现实，传统法律文化与现代法律文化如果从法律制度与法律意识的对位关系上看，就大致呈现如下几种不同的情形:(1)彼此之间和谐一致。这里所谓的和谐一致,既包括了传统法律意识与现代法律意识以及法律制度共同肯定的情形,也包括了它们共同否定的情形。但凡对中国传统法律文化有所涉猎的研究者必定会注意到,在我们的传统法律意识当中,有一些基本原则其实并没有随着近代以来国家与社会的剧烈变迁而变得过时。事实恰恰相反,它们在当下甚至于可预见的将来会依然有效,即它们依然会制约着我们的行为进而形塑着社会秩序的建构,而且,它们也完全符合现代法治原则。依据梁治平先生的研究,“在这些原则中间,最突出的即是人们称之为自然正义的那些要求:相同案件相同对待,不同案件不同对待;罪(与)刑相称;当事人不得裁判自己的案件;裁判者须无私无偏,秉公执法……此外,在稍弱意义上,我们还可以提到人们今天归于法治的另一些原则,比如,法律公开(公布),法律不溯及既往,法律规定清楚明白、不自相矛盾,法律不要求不可能之事,法律相对稳定,等等”[1]。(2)彼此之间积极冲突。这里所谓的积极冲突,既包括了传统法律意识肯定,但现代法律意识以及法律制度否定的情形,也包括了传统法律意识否定,但现代法律意识以及法律制度肯定的情形。前者如电影《秋菊打官司》中,秋菊所主张的“说法儿”,后者如债权债务关系当中债务人的时效抗辩等。(3)彼此之间消极冲突。这里所谓的消极冲突,既包括了传统法律意识当中没有涉及,但现代法律意识以及法律制度涉及的情形,也包括了传统法律意识当中虽然涉及了,然而现代法律意识以及法律制度却没有涉及的情形。前者如抽象法律主体——自然人、公民等,后者如家族财产制度等。

尽管在传统与现代两种法律文化之间所呈现出来的上述三种不同的对应情形中,的确存在共同的东西,但也应该承认,所谓“彼此之间和谐一致”的情况毕竟是少数的。在更多情况下表现出来的还

---

〔1〕 梁治平:《论法治与德治:对中国法律现代化运动的内在观察》,九州出版社2020年版,第117页。

是彼此之间的冲突，无论其类型是积极冲突还是消极冲突。这里，一个非常典型而又影响深远的例子就是，极具现代性的、彰显平等精神以及私法自治的现代法律文化中的“抽象人格”，在我们的传统法律文化中是全然没有的东西，不仅在制度设置上没有相关的规定，在观念表达上则更是互相抵牾。因为“中国传统文化不外是家的文化，孝的文化，它不承认‘个人’的存在。依此原则组织起来的家，既是社会的基本单位，又是在文化上有着头等重要意义的伦理实体，其中，身份的原则支配一切。因此，这里不能有法律上抽象平等的人格，不能有根据自由合意而独自创造的新的社会关系，也不能有个人对于财产的绝对权利以及物的自由流转”[1]。

对于中西两种法律文化在“具体人格”与“抽象人格”上所表现出来的如此巨大差异，梁治平先生也非常中肯地指出了其根源所在，即“中国古代法律是一种极富等差性的制度，这一特点固然反映了传统社会中常见的尊卑上下的不平等观念与现实，但更重要的是，这种等差性最终是在一种可以称为‘特殊主义’的社会结构中生长起来的，后者表现为一种由内向外、由己而人的‘外推式’建构社会关系的方式。在这种社会关系结构中，不但尊卑上下，而且亲疏远近的等差性也受到强调，因而使规则的适用往往因人而异、因事而异……即使在今天，‘特殊主义’的社会关系模式依然有其生存空间，这种情形不能不视为对法治所要求的规则的普遍性的一种威胁”[2]。熟悉自近代以来法制现代化转型过程的研究者自然清楚，这一点，也正是晚清变法之际异常激烈的“礼法之争”的症结所在。而且这种“特殊主义”的观念与行为方式，尽管在当下的社会大众中已经有所弱化，但同时我们也不得不承认其“余绪不绝”。

有学者曾认真分析了作为“人情之国”的中国社会，进而指出了

---

〔1〕 梁治平：《寻求自然秩序中的和谐》，台北，台湾大学出版中心 2011 年版，第 160－161 页。

〔2〕 梁治平：《论法治与德治：对中国法律现代化运动的内在观察》，九州出版社 2020 年版，第 120－121 页。

其中颇为复杂的“差序格局”。具体地，这一差序格局呈现出一种“同心圆”结构，“个人”居于中心，由内向外分别环绕着“家人”、“熟人”和“外人”（陌生人）。其不同之处在于，在家人之间实行的是“亲情与需求法则”，因为亲情是凝聚家庭成员的主要力量，所以家庭成员之间要祸福与共，休戚相关。平常的时候，个人必须努力工作，克勤克俭；若有显达之日，个人必须荣宗耀祖，光耀门楣；假如家中有人发生急难，其他成员则必须全力救助，相互扶持。在熟人之间实行的是“人情与人情法则”，在熟人如亲戚、朋友、同乡、同学、同事之间，会形成一层层不同的关系网，个人则从属于其中。由于个人预期自己和关系网中的其他人将来可能有再次见面交往的机会，所以个人必须讲人情，以人情法则和他人交往，以保持彼此之间的良好关系。与外人之间实行的则是“冷漠与公平法则”，个人与外人或陌生人交往时往往不讲人情，且通常会以理性的态度计算自己和对方交往的利害得失，并做出最有利于自己的决策。[1]

（二）解决冲突的基本路径

在百余年的法制现代化转型过程中，上述社会、政治以及文化等诸多方面，导致了当下法律制度与法律意识的复杂对应关系。因此，在中国特色法治秩序的建构中，我们就必须建立起合理的机制来有效化解它们之间的矛盾冲突，并充分发挥两种法律文化在社会秩序建构，进而法治中国建设当中的积极作用。在本书看来，大致的思路是：(1)对于彼此之间和谐一致的情形，可以探讨如何通过有效的措施来进一步推动形成法律意识与法律制度之间相互支撑、彼此促进的良性格局。(2)对于彼此之间积极冲突的情形，考虑到实际情况的复杂性，故应区别对待。首先，对于传统法律意识肯定，但为现代法律意识与法律制度否定的情形，应当研究如何通过更为有效且可行的措施来促进传统法律意识的转化更新，以降低法治秩序

〔1〕 参见黄光国：《中国人的人情关系》，载文崇一、萧新煌主编：《中国人：观念与行为》，江苏教育出版社2006年版，第32－35页。

建构中的社会成本。其次，对于传统法律意识否定，但为现代法律意识与法律制度肯定的情形，则应当探讨如何建立并且完善相应的社会自治机制，从而为社会成员自主的行为选择以及相应的秩序建构提供合适的制度空间。(3)对于彼此之间消极冲突的情形，也应当视具体情况而区别对待。首先，对于传统法律意识未有涉及，但是现代法律意识与法律制度涉及的情形，应当考虑如何进一步在社会成员当中培养起现代法律意识，以期为现代法律制度发挥实效提供坚实的观念支撑，进而提高其在社会秩序建构中的规范作用。其次，对于传统法律意识虽然涉及，但现代法律意识与法律制度却未有涉及的情形，则应当探讨如何在传统法律意识的基础上，积极促进"非正式法律制度"有效且合理产生的社会机制，以期促进传统法律文化在形塑社会秩序上的积极作用。

四、法律意识的生成机制

(一)服从规则之治的意识

上述这些大致的思路，究其实质，最终还是落在了法律文化——制度文化与观念文化之上。换言之，既然我们不得不在二元法律文化的固有背景之下来推进法治中国建设，那就必须在传统与现代两套法律制度与两种法律意识上下功夫，真正形成制度与观念彼此配合、互相支撑的基本架构，进而共同支撑法治秩序的建构。而行文至此，与此密切相关的一个问题也就自然凸显了出来，即法律意识如何产生，亦即其具体的生成机制究竟是怎样的。

美国法学家富勒曾经给法律下过这样一个定义，即"法律是使人的行为服从于规则之治的事业"。[1] 对这个定义他还进一步解释说，相较于已有的法律理论，其特点在于"这种观点将法律视为一项活动，并且把一套法律体系看成一种有目的的持续努力的产物"[2]。富勒对于法律的界定，实则是将几乎所有法律制度都面临的一个难

---

〔1〕 参见[美]富勒：《法律的道德性》，郑戈译，商务印书馆2005年版，第124页。
〔2〕 [美]富勒：《法律的道德性》，郑戈译，商务印书馆2005年版，第125页。

题给凸显了出来，即法律作为一套规范的系统的社会制度，如何才能获得社会成员的普遍认可以及自觉服从，抑或法律该如何通过持续性的努力来实现这一目标，而且这一点也恰好是法治的一个本质性和前提性的要求。在关于法治的或许是最早的理论表述当中，亚里士多德就曾指出："法治应包含两重意义，已成立的法律获得普遍的服从，而大家所服从的法律又应该本身是制定得良好的法律。"〔1〕在如何保障"人类行为服从规则之治"这个问题上，人类社会迄今为止所做的努力主要集中在如下两方面：一方面，是致力于建立和完善法律制度的外在强制机制；另一方面，则是探索和确立社会成员对于法律制度之正当性的内在信仰机制。

众所周知，通过外在强制亦即合法的暴力来保障社会成员的普遍遵守是法律的固有特点之一，这也是法律区别于其他社会制度的一个本质性特征。但是，这种强制机制本身又必然会受到诸多社会因素，甚至自然因素的有力制约。一个典型的例子就是，它要受到国家财政能力的实质性限制，因为这种强制机制的实际运作包含了高昂的经济成本。因此，当实际的运作成本太高，以至于超过了其能够带来的各种收益的时候，强制就必然会变成一个难以为继，且最终会归于无效的制度设置。〔2〕由于法律的这种外在强制机制的建立与实施，主要体现的是国家意志或者说人民的意志，而"理性与意志被视为一个正当的法律秩序的两大渊源"，〔3〕所以法律除了要具备"意志"这一要素之外，还需具备"理性"这一要素，这是法律之所以区别于简单的国家暴力的一个本质特征。"法律秩序应当满足理性的标准，法律的规则与程序当中的非理性之处都是有待修正的

---

〔1〕［古希腊］亚里士多德：《政治学》，吴寿彭译，商务印书馆1965年版，第219页。

〔2〕参见苏力：《法治及其本土资源》，中国政法大学出版社1996年版，第90-105页。

〔3〕参见［美］保罗·卡恩：《法律的文化研究：重构法学》，康向宇译，中国政法大学出版社2018年版，第35页。

缺陷。"[1] 换言之,法律必须在其道德正当性上获得社会成员的普遍认可,进而内化为他们共同的心理结构,亦即成为人们的法律意识之后,它才有可能不再仅仅依赖于国家暴力这一后盾而得到普遍的服从。所以,如果细致地审视法律的整体演进历史,我们就可以发现一个普遍的现象,那就是几乎与法律制度自身的形成与发展过程同步,还存在一个在社会成员当中逐渐确立起对于法律之正当性信仰,亦即法律意识的社会过程。

(二)工具主义与规范主义路径

法律意识是建构与维持法治秩序的重要文化因素,作为社会成员服从法律的心理动因,它一直是西方法律社会学研究的基本课题之一。而且其研究的重点之一,就是从学理上阐明法律意识的产生机制及其在社会秩序建构中所发挥的具体功能。具体地,关于法律意识的产生,美国著名的法律社会学家泰勒认为有两种基本的路径:工具主义与规范主义。[2] 工具主义路径以众所周知的"威慑论"为其基础,据此,"人们在行动之前,对自己遵守法律是否会受到直接的、明确的激励,会受到什么样的激励,或者对自己触犯法律是否会受到直接的、明确的惩罚,会受到什么样的惩罚,他们会做出自己的估计,然后再据此决定自己应当如何行为——也就是说,对于各种不同的行为是可能给自己带来收益,还是会给自己造成损失,他会做出自己的判断"[3]。我们承认趋利避害属于人的本性之一,工具主义正迎合了人的这一自然本性。此外,这种工具主义思维也建立在"理性人假设"的基础之上,因此它不仅体现在普通社会大众的日常行为之中,同时也体现在公权力机关的各种行为当中。例

[1] [美]保罗·卡恩:《法律的文化研究:重构法学》,康向宇译,中国政法大学出版社2018年版,第35页。

[2] 参见[美]汤姆·R.泰勒:《人们为什么遵守法律》,黄永译,中国法制出版社2015年版,第3页。

[3] [美]汤姆·R.泰勒:《人们为什么遵守法律》,黄永译,中国法制出版社2015年版,第4页。

如,立法者在制定法律的时候,当然也会考虑如何才能促使社会成员遵守这一法律,所以“他们的脑子里往往首先不由自主地冒出一些工具主义的念头来”[1]。

尽管这种工具主义也曾遭到过激烈的批判,如著名法律史家伯尔曼就批评说:“立法者借助于人们计算行为后果、权衡利益得失以及评估奖惩的能力,来诱导他们依照特定的方式行事。法律人(legalman),就像其兄弟经济人(economicman)一样,被描绘成一个精于计算、压抑梦想、信念和激情、漠视终极目的的人。”[2]但对于这种工具主义路径,我们还是可以在从古至今的中西法律史当中鲜活地感受到。因为在大多数情况下,国家要改变人们的行为模式也无非是通过两种方式,那就是对遵守法律的行为给予奖励,或者反之,对违反法律的行为进行惩罚或者威胁要进行惩罚。当然,也不排除奖励与惩罚会同时并用。但这里需要强调的是,奖励与惩罚本身都不是目的,而仅仅是一种手段。真正的目的是要通过物质的或者精神上的奖励以及财产或者肉体上的惩罚,来引导社会大众普遍建立起遵守法律的潜在心理意识,亦即法律意识。

与工具主义相反,规范主义则强调社会成员遵守法律中的自愿性的一面。他们认为遵守法律是理所应当的,这与他们选择遵守法律是否会获得利益或者触犯法律是否有受到惩罚的风险没有任何关系。社会成员之所以会产生对法律的这种规范性忠诚,原因不外乎两种,或者是基于他们的个人道德义务感,或者是基于他们对公权力机关合法性的认同。在泰勒看来,“如果人们对法律的规范性忠诚是以他们的个人道德价值观为基础的,这就意味着,一个人之所以会遵守法律,是因为他觉得法律是正义的;如果人们对法律的规范性忠诚是以当局的合法性为基础的,则意味着,一个人之所以会

[1] [美]汤姆·R.泰勒:《人们为什么遵守法律》,黄永译,中国法制出版社2015年版,第4页。

[2] [美]伯尔曼:《信仰与秩序:法律与宗教的复合》,姚剑波译,中央编译出版社2011年版,第5页。

遵守法律,是因为他觉得法律当局制定了法律,就有权要求人们按照法律的指令行事"[1]。

与前述工具主义相对,规范主义的思维实则是建立在"道德人假设"的基础之上。社会成员选择遵守法律不是基于任何功利性的考虑,换言之,完全不是因为趋利避害,而就是因为他们认为这样做是正当的,所以也是应当的。规范主义可以解决工具主义所无法解决的一些问题,典型如这两种现象:其一,有时候人们选择遵守法律并不会获得任何现实的或者潜在的利益,同时,不遵守法律也并不会受到任何实际的或者可能的惩罚,但即使如此,他们还是会选择遵守法律。其二,有时候尽管人们违反法律会受到非常严厉的惩罚,但他们仍有可能选择触犯法律。在这两种情形下,工具主义路径所依赖的"威慑论"是完全不起作用的,正所谓"民不畏死,奈何以死惧之!"也正因如此,在法律意识的产生上,规范主义路径就具有了工具主义路径所无法替代的地位与价值。换言之,在"功利"与"算计"之外,尚有"公义"与"心性"在发挥着约束社会成员,进而建构社会秩序的重要功能。

应当承认,关于法律意识的生成机制,上述工具主义与规范主义路径都极具理论启发性。但同时也应看到,无论是工具主义还是规范主义,其实都是高度概括的"路径指南"而已。在法治实践的层面上,则必须要综合考虑具体的政治、经济、社会以及文化等各种现实条件,以及历史传统等诸多因素,才可能设计出大致可行的方案。例如,要通过工具主义路径来促进法律意识的生成,则必须考虑如何才可以合理且有效地形成对守法行为的激励,以及对违法行为的惩罚。因为在不同的社会条件下,激励与惩罚的形式以及作用都可能存在较大的差异。而如果激励不足或者惩罚过当,都会导致制度

---

〔1〕[美]汤姆·R.泰勒:《人们为什么遵守法律》,黄永译,中国法制出版社2015年版,第5页。

设计的失败,甚至会引起社会成员的“逆向行为选择”。[1] 如此,则不仅无助于法律意识的塑造,还会破坏法律秩序的形成与维持。此外,工具主义路径能否发挥效能,不但涉及法律的制定,更涉及法律的实施。因为立法仅仅产生了形式的、文本上的法律(law in paper),而只有通过具体的实施才能够真正形成实质的、行动中的法律(law in action)。而由法律的制定到法律的实施,或者说由法律的规范效力到法律的实效,其整个过程都需要极为细致和科学的分析与设计,进而推动并且落实。再如,要通过规范主义的路径来促进法律意识的生成,则必须要考虑社会成员普遍的价值观念是怎样的,进而他们的道德自律如何形成;以及他们对公权力机关的合法性要求究竟包括什么,进而合法性信仰如何形成等相关问题。对于规范主义路径,尽管国外的学术研究已经充分阐明了诸如程序正义、结果正义、公众参与等具体因素在形塑法律意识中的重要作用。[2] 但在当下中国,这些因素的实际影响是怎样的,除此之外,是否还有其他因素会影响到社会大众法律意识的形塑,也有细致梳理的必要。[3]

有学者认为,中国的学术史与法律史上实际上曾存在过工具主义与规范主义两种理论倾向与实践路径,并分别以法家和儒家为其典型代表。具体地,“法家采取的是工具性视角,认为社会控制就应该采取‘严刑峻法’,使‘奸之所利者细,而上之所加焉者大’,‘民不以小利蒙大罪’,从而达到‘止奸’的目的(《韩非子·六反》)。儒家采取的是规范性视角,认为社会控制的根本途径不在于‘道之以政,

〔1〕 秦末的陈胜、吴广起义,就是因为秦律的惩罚过当而引起人们“逆向行为选择”的典型例子。

〔2〕 参见[美]汤姆·R.泰勒:《人们为什么遵守法律》,黄永译,中国法制出版社2015年版,第171－192页。

〔3〕 国内的法社会学家曾采用泰勒的调研方法,就法律意识问题做了一些实证研究,并提出了一些很有价值的观点。参见郭星华、陆益龙等:《法律与社会——社会学和法学的视角》,中国人民大学出版社2004年版,第158－226页。

齐之以刑'，而在于'道之以德，齐之以礼'，从而使民众'有耻且格'（《论语·为政》）"。[1]

本书前已述及，实际上在塑造法律意识的路径选择上，归纳起来都不外乎工具主义与规范主义两种。在这一点上，可以说无所谓古今，也无所谓中外，古今中外的区别并不是问题的关键。真正关键的地方在于，依据工具主义抑或规范主义所设计出来的制度结构，能否真正在社会成员当中确立起来法律意识，进而支撑法治秩序的建构。前者只是手段，后者才是目的。若以此来看，最起码传统上的法家是极不成功的。依靠法家实现富国强兵进而统一六国的秦，国祚仅延续到二世即亡，而亡国的原因又恰好与秦朝的严刑酷法密切相关。工具主义路径，具体在法家思想里的表述就是"刑"与"德"。根据韩非子的观点，"明主之所导制其臣者，二柄而已矣。二柄者，刑、德也。何谓刑德？曰：杀戮之谓刑，庆赏之谓德。为人臣者畏诛罚而利庆赏，故人主自用其刑德，则群臣畏其威而归其利矣"[2]。

但问题是，"刑"与"德"二者在法家思想里已不再仅仅是手段而已，在很大程度上甚至就成了目的本身。著名思想史家陈荣捷先生曾评论说，"诸子百家当中，法家最为激进。它否认儒家的道德标准，也否认墨家的宗教规范，它相信的只是权力。除人君以外，它不相信任何的权威，更不承认任何的前言往行。它认为对于邦国臣民，当借助严刑密法，重赏酷惩，以达成政治控制的目的。依据其理论，只要有助于人君，征伐侵占，极权操控，都当义无反顾地加以利

---

〔1〕 参见冯仕政：《法社会学：法律服从与法律正义——关于中国人法律意识的实证研究》，载《江海学刊》2003 年第 4 期。

〔2〕 《韩非子》转引自陈荣捷编著：《中国哲学文献选编》，北京联合出版公司 2018 年版，第 186 页。按照陈荣捷先生的解释，"与儒家不同，韩非子所用的'德'，已不再指涉道德，而仅系庆赏意义下的恩情，而且其庆赏之赐予，尚别有用心"。

用"[1]。也正是由于法家将此工具主义路径本末倒置,将手段当作了终极目的,才未能在臣民当中确立起普遍的法律意识,进而才导致了大规模的社会反抗,并最终推翻了"暴秦"。这也是从汉朝开始,以"儒法合流"来重塑法律意识的重要原因。这一史实也印证了本书前面所提及的,必须要结合实际情况依据工具主义与规范主义进行具体路径设计的重要性。

[1] 陈荣捷编著:《中国哲学文献选编》,杨儒宾等译,北京联合出版公司2018年版,第183页。

第二章 法制现代化与法律文化冲突

一、法制现代化的两种模式

(一)内源型现代化与外源型现代化

现代化是近代以来多数国家与社会发展的一个核心课题,最初肇始于西方,但是从近代开始逐渐成为一种席卷世界的发展潮流,尽管不同国家基于各自不同的理由,在现代化的实现程度、实现方式以及具体领域等层面可能存在较大的差异。从长时段的历史角度来观察,现代化的确是一种全方位的社会变迁,它涉及政治、经济、文化、社会等几乎所有领域。故此,法制现代化就自然构成了一国整体现代化进程当中的一项重要内容。而且由于法制作为一套刚性的规范体系,它同时还可以对其他领域的现代化起到指引、保障以及必要的制约等作用,所以其现代化过程无疑更具深意。

从经验上来看,不同国家在其现代化的路径或者模式上可能存在非常明显的差异。当然,这种差异也并不完全就是其自主与理性选择的结果,因为社会变迁自有其内在的客观规律。研究现代化的权威理论家业已指出,“任何一个社会的现代化都不脱‘创制’与‘适应’两个形态,前者来自社会的内部,是一种‘内发的力量’(endogenous forces)所促成;后者则来自社会的外部,是一种‘外发的压力’(exgenous pressures)逼成的。西方社会的现代化大都属于‘创制’形态:系由‘内发的力量’促成。非西方社会的现代化则大都属于‘适应’形态:系由‘外发的压力’所逼成”[1]。而部分学者则进一步将现代化简明地归纳为内源型现代化与外源型现代化两种模式。[2] 与此类观点相类同,法学界对于法制现代化也就存在“内源型法制现代化”与“外源型法制现代化”两种学理上的分类。[3]

对于西方社会,其现代化进程无论是从宏观的政治、经济、文化与社会结构的变迁来看,还是从微观的制度、观念以及社会大众行为方式的演进来看,大致都表现为一种内生的、连续的、自然的、进而一体化的过程。依照马克斯·韦伯的理论框架来看,在西方社会的现代化(韦伯称其为“理性化”)进程中,其政治、经济、文化、社会、法律乃至于宗教等诸要素之间,都存在明显的“选择性亲和关系”,因而就可以互相支撑、彼此成就。但是对于非西方社会,由于其现代化主要是经由外生的压力所导致的,换言之,其现代化过程中不具备或者不完全具备有着“选择性亲和关系”,因而彼此得以助力的诸要素。所以无论是在宏观上还是微观上,其现代化过程都表现出某种程度的断裂乃至冲突的性状。这当然会加大社会变迁的成本,并最终延宕其现代化的实现。

(二)现代化与西化的区别

当然,我们在此也极有必要澄清一种由来已久的错误认识,即将现代化看作西方社会所特有的现象,进而将“现代化”与“西化”混淆甚至互换使用的观念。实际上自近代以来,几乎所有国家都程度不

---

〔1〕 金耀基:《从传统到现代》,中国人民大学出版社 1999 年版,第 114 页。

〔2〕 参见罗荣渠:《现代化新论——世界与中国的现代化进程》,北京大学出版社 1993 年版,第 123 页。

〔3〕 参见吕世伦、姚建宗:《略论法制现代化的概念、模式和类型》,载《法制现代化研究》1995 年第 00 期。

同地主动开启或被动卷入了现代化进程,这一客观事实已经从经验上有力地说明现代化是一种普遍的社会发展趋势。质言之,现代化绝对不是也不应是西方所独有的现象。新近的文化研究者更有主张西方与非西方的主要差别并不是地理上的,而是社会结构与文化价值上的观点。因而,所谓西方文明的独特之处只在于"法治国家、民主、精神自由、理性批判、科学和以私有制为基础的自由经济"。〔1〕若依据此观点,则西方与非西方之间的原初差异更进一步消解了。研究现代化的权威理论家也已经指出,"西方型模只有在历史的意义上说才是西方的,但在社会学的意义上说,则是全球性的"〔2〕。在当代社会理论家看来,"'现代'(Modern)或'现代性'(Modernity)不是一个绝对的词语,而是一个相对的词语。它是相对于'传统'而言的"〔3〕。与之相关联,现代化也仅仅是传统社会或主动或被动地发生变迁的一种社会现象和一个发展过程,这种变迁并不能以西化来简单地概括。

有学者更进一步指出,"所谓的'全盘西化'的说法,实际上不仅在理论上是可争论的,而且在经验上是绝不可能的。据我们的观察,传统社会的'现代化'过程乃是一种'选择的变迁',在经验上,所有主张现代化的人自觉或不自觉地都是综合主义者,亦即旨在将传统的文化特质与西方的文化特质变成'运作的、功能的综合',这种过程即'新传统化过程',由于'新传统化过程'不只在'西化',并且在使已丧失的传统价值得以回归到实际来,所以它不是单纯的'复古',而是在对传统的'重估',因此,新传统化过程必须看作现代化过程的一部分"〔4〕。换言之,传统社会迈向现代化的过程,尽管在西

---

〔1〕 参见[法]菲利普·尼摩:《什么是西方》,阎雪梅译,广西师范大学出版社2009年版,第2页。

〔2〕 D. Lener, *The Passing of Traditional Society*, Free Press, 1958, p. 47. 转引自金耀基:《从传统到现代》,中国人民大学出版社1999年版,第112页。

〔3〕 金耀基:《从传统到现代》,中国人民大学出版社1999年版,第93页。

〔4〕 金耀基:《从传统到现代》,中国人民大学出版社1999年版,第115页。

方之外的国家和社会中的确存在程度不同、样式各异的文化冲突问题,但最终的结果以及途径却无疑地都是在其传统基础上进行程度不同的"创造性转化"。基于此,现代化得以最终完成,同时也基于此,传统获得再度新生。而且这一现代化过程,也凸显了主体的理性自觉,是主体基于理性认知基础上的自觉地重估、选择和创造。这一点,在外源型法制现代化国家的转型实践中可获得有力证明。正如金耀基先生所说,"中国新制度的建构实际上必然会涉及两个交叉同在的'转化',一个是西方的转化为中国的,另一个是传统的转化为现代的"[1]。

二、法律文化的冲突性与互补性

(一)作为地方知识的法律文化

自20世纪90年代初,我国法学界即有学者借鉴人类学中的"地方知识"这一理论视角来分析法律问题,并展现出其相较于传统研究范式的巨大理论阐释力。[2] 依据格尔茨所作的经典的人类学研究,作为一种文化现象的法律,在本质上而言是一种地方知识(local knowledge)。但这里所谓的"地方"(或者地方性)却并不仅仅具有地理学上的意涵,或者仅指向特定的地域;除这种空间维度之外,"地方"还指向某种特定的时间、人群等其他许多可能的维度。在格尔茨看来,作为地方知识的法律,这里的"地方"毋宁更指向其文化的维度,用他所创造的特有术语来讲,就是"法律的感性"(legal sensibility),"即对所发生的事实赋予一种地方通俗的定性,并将之联系到当地关于'可以不可以'的通俗观念"[3]。对他的如上界定,理论法学研究者应当更有深切的体会。尽管我们可能不会完全同意历史法学派的那种法律观,即法律是"民族精神"(volkgeist)的体现,"将其联结为一体的,乃是排除了一切偶然与任意其所由来的意图

[1] 金耀基:《中国文明的现代转型》,广东人民出版社2016年版,第76页。

[2] 参见苏力:《法律规避和法律多元》,载《中外法学》1993年第6期。

[3] [美]克利福德·格尔茨:《地方知识》,杨德睿译,商务印书馆2016年版,第339页。

的这个民族的共同信念,对其内在必然性的共同意识”。[1] 但我们也会承认,任何一种法律,其制度内容、表达形式尤其是精神特质,必然要受到其所属文化传统的强而有力的影响。当然,这种影响既包括支撑,也包括制约的一方面。从一定意义上讲,法律就是格尔茨意义上的“地方”文化的产物,而且其自身也构成了该“地方”文化的重要组成部分。

例如,从法律史来看,传统中国法制中的“秋决”制度,就完全是建立在儒家文化当中极富“地方”特色的“天人合一”这一理念之上的,即“天与人各依其本性结成内在的有机联系,其结果既显现在自然现象里面,也呈现于社会现象之中”[2]。如果将其置于非儒家文化的另一种语境之下,想必人们是很难理解这种制度设置的。再如,马林诺夫斯基的人类学研究中提到的,特罗布里恩群岛上所特有的“棕榈叶物权保护方式”,[3] 也完全是建立在当地原始居民所固有的灵魂以及诅咒等“地方”文化观念之上的特殊制度设置。因此,在任何一个业已“除魅”了的现代社会当中,都绝无可能“继受”或者“移植”此类完全超自然的权利保障制度。尽管我们可能会承认,在面临“财产权保护困难”等现实法律困境时,也会羡慕这种成本低廉但实施效果却很好的物权保护制度。[4]

有权威法学家曾指出,“对相同或相似法律问题的解答构成法学的共同使命。由此,我们可以在不同国别的法学问题应对方式以

---

〔1〕 参见[德]弗里德里希·卡尔·冯·萨维尼:《论立法与法学的当代使命》,中国法制出版社2001年版,第7页。

〔2〕 梁治平:《法意与人情》,中国法制出版社2004年版,第126页。

〔3〕 对于特罗布里恩群岛上的原始居民,如果他在偏僻之处有一片可可或者槟榔林,而自己又不便看守它们时,他就可以将一片棕榈叶系在树干上并施以诅咒,当地人相信倘有偷窃,则病痛就会自动降临到窃贼身上。参见[英]布罗尼斯拉夫·马林诺夫斯基、[美]索尔斯坦·塞林:《犯罪:社会与文化》,么志龙等译,广西师范大学出版社2003年版,第37页。

〔4〕 特罗布里恩群岛上的居民处于原始社会状态,因此该制度很难用现代社会中的法律术语来准确界定。依据其大致的社会功能,本书姑且将其称为一种物权保护制度。

及历史上的法学在解答相同法律问题时一脉相承的传统中，寻找到法学大致相同或近似的提问方式和解答问题的方式”[1]。然而从实践上来看，法律是一种地方知识，由此也就造成了法律文化——法律制度以及法律观念的地方性特征，即不同国家、社会以及人群中的法律文化在某种程度上是特殊的且不可通约的。[2] 基于法律文化的地方性，随即导致了两种彼此矛盾的社会现象的并存，即法律文化的冲突性与法律文化的互补性。

（二）法律文化的冲突性

就法律文化的冲突性而言，既然法律是一种地方知识，那么不同时间、空间、人群，进而不同文化背景下的法律制度与观念就可能展现出非常大的差异性。差异性的一种表象就是，尽管它们所要处理的是同一类社会问题，但是其制度设计的具体方式以及内在理路（inner logic）可能大相径庭。例如，对于某个确定的、可欲的社会目标——从法律制度上讲，这通常也就是“立法目的”——如果以积极的“作为”的方式，可以促进该目标的实现；反之，以消极的“不作为”的方式，则会阻碍该目标的实现。因此在现实的法律制度中，就可能出现两种截然相反的立法模式，即鼓励“作为”或者制裁“不作为”。以当下的观点来看，前者属于文明的、先进的、权利本位的法律规制模式，而后者则属于野蛮的、落后的、义务本位的法律规制模式。

法律本以解决相同的社会问题为目的，但在具体的制度设计上可能出现如此巨大的差异，就是因为两种立法模式分别建立在各自大异其趣的文化背景、政治基础以及经济与社会条件之上。也正因如此，它们之间就注定了是要发生冲突的。因为在前一种法律规制模式下，“不作为”是社会成员的权利，因此，人们选择“不作为”没有

---

〔1〕 舒国滢：《法哲学沉思录》，北京大学出版社2010年版，第37页。

〔2〕 不可通约性（incommensurability）也是库恩所发明的一个概念，意指不同的“范式”之间的不可沟通、不可调和性。参见［美］托马斯·库恩：《科学革命的结构》，金吾伦、胡新和译，北京大学出版社2003年版，第178页。

任何法律上的不利后果,而如果选择了“作为”,则会获得法律上的利益;而在后一种法律规制模式下,“作为”成了社会成员的义务,因此,人们选择“不作为”就要受到法律的惩罚,而如果选择了“作为”却不会获得任何法律上的利益。两种法律制度,两种不同的地方知识之间的区别竟有如此之大。

从法律史上看,这种制度冲突中暗含了文化冲突的例子非常多。我们熟知的,就是在晚清中国的法制改革当中,以沈家本、武廷芳等为代表的“法理派”与以张之洞、劳乃宣等为代表的“礼教派”之间发生的一系列尖锐冲突。这些冲突,虽然在形式上表现为大陆法系与中华法系之间的“法律冲突”;但在实质上,却是西方的理性文化与传统中国的伦理文化之间的“文化冲突”。〔1〕例如,对于修律大臣沈家本和武廷芳依照大陆法系“抽象人格”的原则要求而编订的《刑事民事诉讼法》草案,作为曾经的洋务运动中坚,一度领袖群伦并且极力主张仿效西法以变法图强的湖广总督张之洞,却评价道:“大率采用西法,于中法本原似有乖违,于中国情形亦未尽合,诚恐难挽法权,转滋狱讼……盖法律之设,所以纳民于轨物之中。而法律本原,实与经术相表里,其最著者为亲亲之义,男女之别,天经地义,万古不刊。乃阅本法所纂,父子必异财、兄弟必析产、夫妇必分资,甚至妇人女子,责令到堂作证。袭西俗财产之制,坏中国名教之防,启男女平等之风,悖圣贤修齐之教,纲沦法斁,隐患实深。”〔2〕张之洞对于该法律草案作出的如此“差评”,当然与其洋务派的初心,即其所始终坚持的“中学为体、西学为用”的政治与文化主张是高度一致的。张晋藩先生就认为,“洋务派毫不掩饰对中国传统的伦理纲常的虔诚和卫道士的立场,始终把‘中学’置于‘圣道’的位置,尽管提倡学

〔1〕 参见范忠信:《中西法文化的暗合与差异》,中国政法大学出版社2001年版,第22-25页。

〔2〕《张之洞奏遵旨核议新编刑事民事诉讼法析》。转引自梁治平:《礼教与法律:法律移植时代的文化冲突》,上海书店出版社2013年版,第15-16页。

习西学，但始终不使其突破传统的堤防”。[1]

在这种极具功利色彩的、实用主义与拿来主义的政治主张之下，以“礼法之争”为具体表象的这场纷争，其更为本质的原因却是理性主义与伦理主义两种不同文化之间无可调和的冲突。这一点，在张之洞的《劝学篇》中或许表达的最为彻底，他说：“君为臣纲，父为子纲，夫为妻纲……天不变道亦不变之义本之……此其不可得与民变革者也……圣人之所以为圣人，中国之所以为中国，实在于此。故知君臣之纲，则民权之说不可行也；知父子之纲，则父子同罪免丧废祀之说不可行也；知夫妻之纲，则男女平权之说不可行也……近日微闻……有公然创废三纲之议者……怵心骇耳，无过于斯。”[2]正因如此，对于这场礼法之争，梁治平先生总结说道：“西式新法的基础是个人主义和平等主义，中国固有法则以富于等差的家族伦理为其圭臬，此二者之间的内在紧张不容忽视。这也是为什么，修律伊始，礼教问题即成为核心议题。”[3]

在大陆法系中，基于其源远流长的自然法传统，在法律主体的界定上，它一直强调的核心是人的“理性”以及“意志”。亦即个人对其行为，包括行为的方式、过程、结果以及性质等的认知能力，以及在此认知基础之上的控制能力。此种理念落实在具体的制度设计上，就是对作为法律主体的人的“权利能力”、“行为能力”以及“责任能力”等相关事项的明确界定。而且，为了能够在最大限度上实现抽象人格的法律平等，法律对上述诸“能力”的实际界定，也都极尽客观化之能事。除了权利能力是以人的“出生”这一客观事实为依据进行判断之外，对于行为能力与责任能力，则主要是依据主体亦即

[1] 参见张晋藩：《中国法律的传统与近代转型》，法律出版社2005年版，第358页。

[2] 张之洞：《劝学篇》，《明纲》。转引自张晋藩《中国法律的传统与近代转型》，法律出版社2005年版，第359页。

[3] 梁治平：《礼教与法律：法律移植时代的文化冲突》，上海书店出版社2013年版，第18页。

个人的“年龄”来确定的,因为冷冰冰的数字无疑是最为抽象、客观且确定的。除此之外,对于主体的法律资格或曰法律人格,法律几乎不再作其他的要求或者限制,以最大限度地保障法律主体之间的平等以及主体行为的自由。但是在中华法系中,基于儒家文化中所特有的伦理特色,对于个人的身份或者说“名分”的要求或者限定就成了一种必然。我们的传统法律文化中从来就没有抽象的人格,只有具体的人格。儒家所主张的纲常伦理,体现的也正是具体人格。因为,“男女和长幼,在传统道德、法律和政治上均有着特殊的重要性,以致针对这些条款所作的任何修改,都可能促动和改变传统中国的某些核心价值”〔1〕。

西方有源远流长的自然法传统,传统中国也有。但是,此“自然法”却非彼“自然法”,中西所共享的,仅仅是“自然法”这个词而已,而“词”(形式)与“物”(实质)二者却很可能不是完全契合的。在范忠信教授看来,西方的自然法是“理性法”,而传统中国的自然法却是“伦理法”。因为“在传统中国人看来。自然的本质或灵魂,不是(西方人所说的)理性或自然理性,而是伦理,是宗法伦理。中国人要‘法自然’,就是要效法自然中所体现的‘伦理’,依照自然中早已存在的‘伦理秩序’建立或恢复、加强人间的以伦理秩序为中心的社会生活秩序”〔2〕。依此,既然在儒家文化里,所谓自然的本质就是血缘宗法关系,那么从法律上确认和保障这种血缘宗法关系,换言之,即不平等的主体关系就是正当的。随之,体现主体平等的抽象人格就是绝对不能承认的。而前文所引张之洞在其奏折中所提到的“亲亲之义,男女有别,天经地义,万古不刊”等,其主要的“理据”也端在于此。传统文化既然如此,作为文化产物的传统法律,也就必须将人与人之间的这种尊卑、贵贱与亲疏的等级秩序通过相应具体的制

---

〔1〕 梁治平:《礼教与法律:法律移植时代的文化冲突》,上海书店出版社 2013 年版,第 24 页。

〔2〕 范忠信:《中西法文化的暗合与差异》,中国政法大学出版社 2001 年版,第 20 页。

度设计明确无误地表达出来。有海外学者指出,“对传统中国社会中个人权利的问题应当从这个意义上来理解,即个人在家庭和社会中的身份限定了他的权利。儒家伦理强调‘安分守己’。但身份并不是世袭的和不变的……随着人们身份的变化,其权利也相应地发生变化”[1]。

通过以上的简单对比不难看出,作为两种不同的地方知识,这两种性格迥异的法律文化在某些重要方面几乎是不可通约的,因而它们之间的相遇,特别还是毫无准备的“不期而遇”,就必然会发生矛盾冲突。所以说,对于外源型法制现代化国家而言,如果没有恰当的路径选择,其现代化进程的阻力是非常大的。正是基于此,我们对于晚清法制改革当中法理派借口“古已有之”,并试图以“托古改制”的手段来艰难地推进法制现代化进程,也就不难理解了。

(三)法律文化的互补性

就法律文化的互补性而言,随着人群间各种社会交往,包括交易、通婚、迁徙甚至战争等的发生以及不断拓展,不同的法律制度与观念的相遇、碰撞、借鉴、交融就是不可避免的了,这也就是作为地方知识的法律文化的互补性。而且,自近代以来,科技的突进式发展也为人群间的各种交往提供了更为便捷的物质条件。因此,不同人群之间的交流无论在范围与程度上,还是在发生频率上相较近代以前都大为提高。不同文化之间的交流与借鉴是文化发展的重要途径,人类有彼此模仿、学习的主观意愿与客观需求,当然也具有这种能力。这一点,也体现在法律文化上面。比较法学上所提及的各种法系(大木雅夫称为“法圈”),无论是大陆法系、普通法系还是中华法系,从本质上说,都是法律文化包括制度与观念由其“母国”向外传播,并被“子国”借鉴、采纳进而形成的跨地域、跨国界的文化现象。当然,比较法研究中对于“法系”所采用的“母国”与“子国”的

---

〔1〕[美]金勇义:《中国与西方的法律观念》,陈国平等译,辽宁人民出版社1989年版,第118页。

隐喻,绝对不包含文化抑或政治上的某种"尊卑"的意味,而主要是表示那种发生学上的"源起"与"继起",或者说"原生"与"继受"的关系。

已有的历史研究显示,在近代之前,受制于人群间交往方式、程度与规模的固有限制,基本没有出现过大规模的、不同性格文化背景下的法律制度与观念的彼此相遇。所以,不管是大陆法系、普通法系还是中华法系的形成,基本上都是子国对于母国法律制度与法律观念的主动接纳。而且,之所以会发生这种主动的接纳,一个重要的原因就是,子国与母国之间业经长期的文化交流而大致共享了相同的文化。

例如,大陆法系的形成,主要是由于中世纪欧洲城市自治的兴起以及商业的不断发展,依旧保持着习惯法形态的日耳曼法无法为此提供充分的制度保障,所以才导致了11世纪、12世纪罗马法的强势复兴。此后,前后经过注释法学派与评注法学派的不断努力,催生了欧洲"共同法",继而促成了欧洲大陆不同国家民法典的相继编撰,并最终成就了蔚为大观的大陆法系。[1] 国外法律史研究者认为,这一过程得到了以下三个互相关联的因素的有力助推:"其一,古代罗马法文献的再发现与再构造(主要是《民法大全》);其二,基于这些古典文献发展出新的分析方法(经院主义的方法);其三,专门从事法律研究的机构(这些研究机构后来变成了大学)的大量出现。"[2] 当然,必须要强调的是,罗马法本身的品格及其相对于日耳曼法的比较优势,也是其中一个非常重要的文化原因。否则,我们就解释不了为什么已经进入封建制社会的西欧,反而会"复兴"奴隶制社会下的罗马法,这一现象完全不符合法的历史类型更替的基本规律。相对于中世纪欧洲在政治上小国林立的纷乱现实,能够为其

---

〔1〕 参见[美]约翰·亨利·梅利曼:《大陆法系》,顾培东、禄正平译,法律出版社2004年版,第19-33页。

〔2〕 [美]塔玛尔·赫尔佐格:《欧洲法律简史》,高仰光译,中国政法大学出版社2019年版,第115页。

提供“大一统前景”的,只有两件事物:神圣的、形而上的基督教与世俗的、形而下的罗马法。当时的欧洲人普遍持有这样的信仰:罗马法就是世俗的理性,是写在纸上的自然法。至于罗马法的具体优点,恩格斯曾极为精当地指出:罗马法是以私有制为基础的法律的完备形式,它体现了简单商品经济的一般规律,是商品生产者社会的第一个世界性法律。至于中华法系的形成,我们知道,它也是深受儒家文化熏陶的周边国家,如日本、朝鲜等主动学习、借鉴传统中国法制进而形成的。

三、外源型现代化中的法律文化冲突

(一)被动开启的现代化

上述“法系”的形成过程,属于人群或者国家间主动的文化交往,并不是“不期而遇”。所以交往过程大致呈现出“和风细雨”的特点,法律文化的输出与继受方之间并未发生大的冲突。但近代不同法律文化之间的交流,无论从中国的角度还是世界的角度来看,都表现出与此前截然不同的特点。

西方国家在经历工业革命之后生产效率得到了大幅度提高,因此拓展市场进而输出商品就成为其面临的一项极为紧迫的政治任务。同时,由于科技的不断发展已经为其实现跨洲、跨大洋的商品、资本、文化以及军事力量等的输出提供了现实条件,所以,其法律文化的输出自然就成为西方列强对外殖民活动的重要一环。也正因如此,在法律文化的这种被动“交流”当中,就更多地呈现出不同文化间的冲突性,亦即彼此抵触、碰撞的一面来。这个强势的一方主动地输出,弱势的另一方被动地“继受”或者“移植”异质文化背景下法律文化的过程,在学术上被界定为“法制现代化”进程,亦即外源型法制现代化。当然,前文已经指出,这里的“现代化”只是一个中性的学术词汇,旨在表征一种社会变迁的客观过程,其本身并不包含某种规范性的意味。

肇始于近代的法制现代化对于中国而言,当然是整体现代化进程中的必要一环。但基于前文法律是一种地方知识的学术界定,这也就是两种性格迥异的地方知识的相遇，而且对于中国而言，此次相遇还是一种完全意外的不期而遇。换言之，我们完全没有心理准备，所以真的是一场“三千年未有之大变局”（李鸿章语）。由于我们的法制现代化进程开启之初，主要表现为一种被动地继受、移植异质文化的过程，因此中西方两种法律文化之间的冲突性就强烈地体现了出来。此外，由于它同时还表现为一种超越国界的两大法系之间的冲突，所以进一步加剧了现代化转型的复杂性。

在十九世纪四五十年代，同属中华法系的中国和日本遭到了西方法律文化的强烈冲击。主要形式就是与西方国家签订了一系列不平等条约，两国由此丧失了司法主权。也正因如此，如果从法律文化的角度来看，中日两国就大致在同一时期面临着如何完成法制现代化的难题。从客观形势发展来看，尽管面临重重困难，但走向现代化的趋势却是必然的。主要的原因在于如下两方面：首先，两国推动法制现代化的直接动力，其实更准确地说是压力，都源于收回“治外法权”（exterritoriality）这一非常急迫的政治目标。当欧美国家确立了领事裁判权（consular jurisdiction）之后，中日两国的司法主权即受到了严重侵犯。正是为了收回治外法权完成主权统一，两国才不得已启动了法制改革。可以说，对于中日两国而言，法制现代化本身在很大程度上不是社会层面的“客观要求”，而主要是政治层面的“主观要求”。而且在当时，撤废领事裁判权也的确是两国推动法制改革者们论证其行为正当性的重要理据。其次，随着危机的进一步加深，两国在政治、经济、社会乃至于文化等领域都受到了强烈冲击，因此就面临如何实现国家与社会的整体现代化问题。随之，原有法律制度进而法律意识无法回应上述诸领域的多重挑战也就成了一个日益严重，并急需解决的现实问题。在当时，两国的固有法制不仅不能为国家与社会的整体现代化进程提供“助力”，反倒构成了现代化的“阻力”。

（二）无法达成的同构性

正是基于客观局势的这种紧迫性，由政府所主导的，在短时间内出台大量的仿效西方的立法就自然而然成为一种极为合理的行为选择。[1] 而且,中华法系所固有的成文法传统也能够为这种大规模的立法活动提供某种文化上的支撑,或者说提供"正当化"理据。因为毕竟,从形式上看所谓的"变法"就是"立法";反之亦然。但也正因如此,问题的复杂性就凸显了出来。从宏观上讲,现代化既然是一个整体的社会变迁的过程,那么,就需要作为一国"整体"下的各"分支",即该国的政治、经济、文化、社会、法律甚至宗教等诸要素之间形成互为支撑、彼此助力的结构,唯其如此才可以有效推进现代化。

从微观上说,法制现代化必须要法律文化当中的制度文化与观念文化"共同推进",法律制度与法律意识"一体建设"。换言之,必须要达成二者的"同构性",才可以顺利实现现代化。正是在此,我们看出了问题的症结所在,在政治形势的催逼之下由政府主导的大规模立法,仅可能解决法律制度的问题,但无法解决法意识的问题。在法律文化当中,相对于法律制度,法意识的形成是文化的长期浸润以及社会的长期互动之后的一个自然结果。基于文化所展现出来的固有惰性,法律意识几乎无法在短期内主动或被动地完成其现代化转型,因此它也几乎无法在短期内被任何一种力量包括政府所建构出来。所以,对于中日等外源型法制现代化国家,在实现现代化的过程当中,就必然面临法律制度与法律意识在一定的时空背景下无法匹配,进而产生冲突的固有难题。

---

〔1〕 根据川岛武宜的说法,正是通过这种大规模的现代化立法,日本在1911年即全部收回了领事裁判权,实现了司法主权的独立。

第三章 法制现代化中的法律意识

一、法制转型与法律文化

(一)中国法制的三次转型

在通常情况下,法律文化中的制度文化与观念文化大致是"同构"的,社会普遍的法律意识为法律制度的形成与实施提供精神上与心理上的支持,进而为其提供正当性;而法律制度则以刚性规范的形式确认法律意识,并为其提供合法性。就法律文化来看,制度与观念二者间的这种"同构性"也是相当重要的,正是基于这一同构性,一种法律文化才得以形成并定型。但是,当国家、社会乃至法律发生转型的时候,法律文化必然会受到挑战。从法律文化内部观察,也就是制度文化与观念文化之间在其同构性上面临挑战。

从人类历史的发展上看,国家与社会的整体转型是历史发展的必然规律,法制转型亦然。如果从进步史观来看,则情况更是如此。在马克思主义法学里,关于法的历史类型的宏大叙事,即由奴隶制法→封建制法→资本主义法→社会主义法的演进路径的论述,就是对于"法制转型"及其"内在规律"的一种权威表述。当然,对于现实的法制转型,在这种宏大叙事与基本规律之外,必定还有其他的个别叙事存在。毕竟,历史的演进过程是极其复杂的,在规律性之外,也必定会有例外。对于同属中华法系的中日两国而言,就都存在这种个别叙事,换言之,就是都存在例外情况。

就中国而言,根据梁治平先生的观点,中国文明由古至今,大致经历了三个明显不同的历史阶段,他称其为"文明三波"。这三波文明的依次演变,实则就是国家与社会的整体转型,当中也就必然涉及法制的相应转型。第一波是"三代文明",也就是传统上所说的夏、商、周三代的"礼乐文明"。所谓礼乐文明,是西周初年由周公所主持,通过整理、补充、完善殷商时期的文化传统,制礼作乐,从而"制定出一整套以宗法等级制为中心的行为规范以及相应的典章制度、礼节仪式,建立了富有浓厚人身关系的差序格局"[1]。礼乐文明大约延续了两千年,在该文明中,法制的基本形式是"德治"与"礼治"。第二波是"汉唐文明",由于对这一文明的形塑,以汉唐两朝的贡献最大,故而以汉唐称之。所以,如果从历史时段来看,实际上是从秦汉一直绵延到明清,时间跨度也达两千年之久。在梁治平先生看来,"汉唐文明实行的不是'德治',也不是'礼治',而是德主刑辅的礼法之治"[2]。职是之故,汉唐文明也可称其为"礼法文明"。第三波则自晚清帝制崩解,现代共和制的建立开始,我们当下即处于这一新文明的开端。对于这一波文明,梁治平先生认为"在目前这个阶段,如果把第三波文明视为一个确定不移的事实,实则是一种缺少根据的乐观和自大"[3]。所以他并未如前两波一样,对这一波文明给出一个明确的定性和称谓。但考虑到这一波文明正好与现

〔1〕 李贵连、李启成:《中华法史三千年》,中国民主法制出版社 2016 年版,第 12 页。

〔2〕 梁治平:《论法治与德治:对中国法律现代化运动的内在观察》,九州出版社 2020 年版,第 60 页。

〔3〕 梁治平:《论法治与德治:对中国法律现代化运动的内在观察》,九州出版社 2020 年版,第 61 页。

代化转型过程存在某种一致性，所以本书暂且称其为“现代文明”。

中国的这三波文明的演进中，每一次文明类型的变迁都是国家与社会的整体转型。所以，对中国文明进程的回顾，会非常清楚地看到转型过程中产生的“断裂”。由三代文明向汉唐文明的转型，其历史背景就是春秋、战国之际，旧的社会秩序开始全面瓦解，但新的秩序尚未建立起来，所以在国家与社会层面就表现为“礼崩乐坏”的失序状态。而历史上著名的百家争鸣，从某种意义上说，就是当时的思想界为解决这种失序状态而进行的各种理论探索。而探索的实际结果，就是法家的兴起，并且呈现一枝独秀的态势。在当时的各诸侯国中，但凡有变法图强、进而收拾山河之志的诸侯王，莫不寻求法家一派的襄助。因为，“古代的学派当中，它是唯一能始终坚持不断力反传统的，它不崇拜儒者所尊奉的尧舜，或墨者所礼信的大禹等圣王。它瞻前而不反顾，创新而不墨守。浮言虚辞、空谈仁义，它摒弃不用，只要求实在的事功”[1]。法家看重事功，强调法、术、势，除了人君之外，不相信任何其他的权威，更不承认任何的前言往行。所以，尽管法家也的确帮助一些诸侯成就了霸业，甚至完成了天下统一，但是，它也实实在在地造成了转型的“断裂”。就法制来看，尽管法家法律思想的核心是“以法治国”，其法治也强调“不别亲疏，不殊贵贱，一断于法”，在某种程度上体现了形式法治的平等性要求。但是，法家借其“法治”而取代传统的“德治”与“礼治”，其实质就是漠视先前的文化与法制传统。所以，其推行变法的结果就必然导致法律文化的冲突，最终无法建立起稳定的法律秩序。而其后汉唐文明所实行的礼法之治，则正是在法律文化上进行“拨乱反正”，在制度文化与观念文化的同构性上进行长期努力的结果。这种努力，经过实践的验证是成功的，因为礼法之治在中国一直延续到了清末第三波文明继起之时。

---

〔1〕 陈荣捷编著：《中国哲学文献选编》，杨儒宾等译，北京联合出版公司 2018 年版，第 183 页。

法家所主导的系列变法，当然导致了传统法律文化当中法律制度与法律意识的冲突。首先，法家的法治与德治是对立的，德治以性善论为基础，主张“以德服人”，强调道德与教化在社会生活中的作用；而法治主张“以力服人”，强调法律暴力的作用，甚至把暴力当作最为有效的社会控制手段。其次，法家的法治与礼治也是对立的，礼治以宗法关系为基础，认为维护世袭贵族阶层利益的法律才是公正的；而法治坚持法律必须一体适用，而与关系亲疏、职位贵贱不再相干，并且认为维护新兴统治集团利益的法律才是公正的。正是由于法家所推行的这种法治不但弃绝了传统，造成了与历史传统的断裂；同时也抽离了法治的道德基础，让社会治理变成了单纯的政治强制，所以终究无法建立进而维护稳定的社会秩序。也正是基于法家的这一深刻历史教训，在汉唐文明中，法制才致力于回归传统，并通过拨乱反正、平衡各种利益，进而创造出一种新的法律秩序。这也正是自汉朝开启，至唐朝大致完成的以礼入法、德主刑辅、儒法合流，最终建立起礼法文明的本质所在。

综观“文明三波”的大致过程，我们必须承认，由三代文明向汉唐文明转型的过程中，尽管也造成了传统法律文化的内在冲突，但在冲突的烈度、冲突持续的时间以及冲突的实际影响等方面，与发生于近代的，由汉唐文明向现代文明转型过程中所引发的法律文化冲突不可同日而语。由法家的变法而引起的法律文化冲突，毕竟还是中华传统文化内部的冲突。儒法两家，既可以因天下崩解而分裂，也能够因秩序重建而融合，进而实现文明的再生、法律秩序的重建。所以，历史上儒法合流的实际过程是很顺利的。但对于近代所发生的第三波文明转型，从法制上看，是两种大异其趣的地方知识的相遇，由此而导致两种法律文化在制度与观念层面产生了激烈的冲突与碰撞。也正是在这一过程中，法律意识的重要性才日益尖锐地表现出来。

（二）日本法制的三次转型

同属中华法系的日本，也先后经历过三次规模不同的法制转型运动。第一次发生在古代,表现为日本通过大规模继受中国法进而形成其古代法,并由此而完成了向中华法系的转变。第二次发生在近代,表现为日本通过大规模继受欧洲大陆法进而形成其现代法,并由此实现了向大陆法系的转变。第三次发生在"二战"之后,表现为日本通过在一定程度上继受美国法,进而形成了以其宪法为首的国家法。正因为日本的"法律发达史"有着如此显著的"继受"或"移植"的经历,所以著名法学家真田芳宪就说过,"日本法在历史上是经过摄取、接受外国的先进法律文化并对其进行改造,与日本固有的传统文化调和在一起而形成的"[1]。

这三次法制转型,不但对于日本固有法制的发展起到了极大的促进作用,而且对其政治、经济、社会的整体发展也产生了极为重大的影响。但比较来看,发生在近代的第二次法制转型无疑是三者当中最为重要的一次。因为这次法制转型,是其从传统的前现代社会向现代社会变迁当中的一次"质的飞跃",也是其整体上实行的"脱亚入欧"发展战略中的一项重要举措。也基于此,著名学者棚濑孝雄就曾指出,"在理解日本法的时候,明治时期所继受的法是西方现代的法这一性质是具有决定性意义的"[2]。与晚清中国的法制现代化转型相同,日本的这次法制转型,也是两种性格迥异的地方知识的相遇与碰撞。其所引起的法律文化的变迁,几乎就是一种全局性的、根本性的变迁,因此,其所经受的法律文化的冲突,也表现为一种几乎无可调和的激烈博弈。

二、法制现代化转型与法律意识

(一)中华法系的现代化转型

对于法制现代化进程中传统法意识所面临的特殊困境,我们可以通过对中日两国法制现代化进程的大致考察来进行探究。需要

---

〔1〕 华夏、赵立新、[日]真田芳宪:《日本的法律继受与法律文化变迁》,中国政法大学出版社2005年版,第12页。

〔2〕 参见[日]棚濑孝雄:《现代日本的法和秩序》,易平译,中国政法大学出版社2002年版,第3-27页。

着重说明的是，之所以选择将中日两国放在一起的分析策略，其原因主要在于如下两点：首先，中日两国的法制现代化，实则都是在儒家文化与中华法系这一文化背景下所开启的；[1]都是在收回治外法权这一政治目标下开启的；此外，也都是在大致相同的历史时段中所开启的。有这三大共同因素，就决定了我们大致可以进行跨国别的比较分析。因为他们在法制现代化当中所遇到的困境，大致也是我们将会面临的困境。其次，回顾近代中日两国的法制现代化转型，可以说，日本比我们进行的更为顺利。这主要表现为两个方面：一方面，日本在短时间内即仿效西法制定并颁布了大量的法律，并借此初步建立起了现代法律制度体系。换言之，即在制度文化上初步实现了法制现代化。与此相关联的另一方面，就表现为借助于其法律制度与西方的全面接轨，日本很快就实现了其变法所要追求的政治目标，即收回了领事裁判权，实现了司法主权的独立。

如果从上述这两方面来看，我们的法制现代化进程都远不如它顺利。众所周知，从晚清开始的变法过程，先是受到了政治保守派的激烈抵制（礼法之争），此后又依次经历了大规模的社会动荡（太平天国运动、义和团运动）、政治革命（辛亥革命），以及连续的各种战乱（军阀混战、北伐战争、抗日战争、国共内战）等诸多政治与社会因素的叠加影响，现代法律体系的建立过程诚可谓步履维艰。对于这个过程，黄宗智先生曾总结道："首先是清末和民国时期对传统法律的全盘否定，以及国民党政权对西方，尤其是德国的形式主义法律的全面移植。其次是中国共产党既对传统法律也对这种所谓'资产阶级法制'的全盘否定，及其以社会主义的苏联为模范的立法，之后是在中苏分道扬镳之后的主要依赖本土资源，尤其是农村的和革命运动的调解传统。最后是改革时期的再度大量引进西方法律，几

---

〔1〕 在著名比较法学家梅利曼看来，"法系与文化相勾连，而法系又是文化的一部分，法律制度被置于文化的视野内加以考察"。参见［美］约翰·亨利·梅利曼：《大陆法系》，顾培东、禄正平译，法律出版社2004年版，第2页。

乎是全盘西化,因此激发了相应的批评和'本土资源'的呼声。"[1]因此,尽管在近代法制转型中,清政府早于日本先启动了对西方法政资料的翻译,但在立法实务上,从晚清到民国,我们都曾延请日本的法律专家帮助完成现代法律的草拟,或者要参考日本已经完成的立法。[2] 而由法律草案到法律的实际颁行,受前述诸因素的影响,则相对迟延了很多。与此密切关联的一个结果就是,我们实现彻底撤废西方列强的领事裁判权,也相对它要晚。新近的法律史研究作品中就曾指出,"近代日本与中国类似,曾被西方攫取了领事裁判权,经过变法维新和法律改革,终于在19世纪末撤废了该权,恢复了司法主权,这种先例对中国的变法修律有重要影响"[3]。

但换一个角度来看,正因为其在现代法律制度的建立上是非常成功的,才导致了前文所提到的法律文化,包括制度文化与观念文化的冲突在日本的法制现代化过程中就更早,也更为充分地暴露了出来。主要的表现就是,国家的法律制度已经属于大陆法系的现代制度了,然而民众的法律意识却依旧属于中华法系的传统观念。概言之,也就是法律制度与法律观念互不匹配,而且矛盾抵触。相较而言,由于中国在现代法律制度的建立上没有日本那么顺利,故而现代法律制度与传统法律意识之间的冲突反倒没有日本那么突出。晚清法制现代化过程中所发生的"礼法之争",现在来看,主要是体现在庙堂之上(政府层面)的社会精英之间,而并不是江湖之中(社会层面)的普通民众之间。换言之,礼教派与法理派之间的一系列纷争,尽管激烈,但主要还是表现在形而上的"言辞"之上,而并不是形而下的"行动"之中。但是,由于现代化转型是历史发展的必然趋

〔1〕 黄宗智:《中国的新型正义体系:实践与理论》,广西师范大学出版社2020年版,第19页。

〔2〕 参见范忠信:《中西法文化的暗合与差异》,中国政法大学出版社2001年版,第303页。

〔3〕 陈新宇、陈煜、江照信:《中国近代法律史讲义》,九州出版社2016年版,第7页。

势，基于前述中日两国法制现代化转型在文化、政治、历史时段上所展现出来的共性特征，所以，对于日本在转型当中遇到的法律文化的冲突的研究，也就不再是对“与我无关的他者”的研究，而是对“我们”的研究了。

中日两国的法制现代化转型，其外在的直接原因，都与领事裁判权有关。所谓领事裁判权，是指“一种基于双边条约的制度安排，即允许一国未享受主权及外交豁免的国民在另一国境内居住、游历、经商或从事其他活动期间得不受东道国司法追究，其违法犯罪及民事责任等情事概由其本国领事等官员依其本国法律审判。它既是属地司法管辖权的一种例外，也是对东道国司法主权的一种严重侵害”〔1〕。鸦片战争后，西方列强通过签订一系列不平等条约，攫取了在华的领事裁判权，并且逐步明确其适用方式、扩大其适用范围。〔2〕其后，领事裁判权的撤废，自然就成了清政府亟须解决的一个问题。在张之洞等人保举精通传统律例的沈家本和熟悉西方法律的武廷芳作为“总纂”实行修律的奏折当中就曾明确提到，如果按其建议进行法律改革，“内治必可改观，外交必易顺手，政权、利权亦必不难次第收回”。有学者就指出，该奏折里的“所谓‘政权’，应指包括领事裁判权在内的法律主权，所谓‘利权’，应指包括关税自主权在内的经济权利”〔3〕。其后清政府与列强诸国进行的一系列谈判，内容也多涉及修律以及撤废领事裁判权这两项内容。当列强诸国在条约中相继做出放弃其领事裁判权的承诺后，也确实促使清政府进一步提升了法制改革的力度，并拓展了法制改革所涉及的范围。

与晚清中国的命运相似，长期闭关锁国的日本在19世纪中叶也

〔1〕安国胜：《西风落日——领事裁判权在近代中国的确立》，法律出版社2012年版，第1－2页。

〔2〕参见陈新宇、陈煜、江照信：《中国近代法律史讲义》，九州出版社2016年版，第4－11页。

〔3〕陈新宇、陈煜、江照信：《中国近代法律史讲义》，九州出版社2016年版，第7页。

遭遇了西方国家的入侵。通过强迫签订一系列不平等条约,西方国家也攫取了领事裁判权。在此背景下,以实现国家体制现代化为主要政治目标的明治政府,必须优先解决的问题就是通过修改条约,撤废领事裁判权,进而实现国家权力的统一。就此,川岛武宜曾明确指出,“学过日本历史的人都知道,从幕府末期,经明治维新,贯穿整个明治时期,‘治外法权’的废止是一个大政治问题”〔1〕。修约谈判当中,西方国家提出的恢复日本自主裁判权的前提条件之一,就是日本的司法体制与作为司法裁判基准的法律必须要得到他们的承认。换言之,也就是日本的法律要与西方的法律“全面接轨”。在这一点上,也与晚清中国面临的政治情势高度一致。在清政府与列强的谈判过程中,以及最后签订的条约里,也有大致相同的内容。〔2〕如《中英续议通商行船条约》第16款就明确规定“一俟查悉中国律例情形及裁判方法与一切相关事宜皆臻完善”,“即允弃其治外法权”。

正是在这一背景下,明治政府主动开启了自上而下的法制改革,并且在极短的时间内制定颁布了大量仿效西方的法律。对于这一波大规模立法,川岛曾戏虐地评论说“尽管当时的日本生活中广泛地遗留着与‘近代’要素无缘、非常落后的一面,但读到那些法典,就好似当时的日本无异于当时最发达的资本主义国家”。〔3〕通过立法,日本的确实现了其修法的最主要政治目标,收回了领事裁判权。但是,如果超越当下的政治考量,从法制现代化转型本身来看,川岛武宜的戏虐之言却也点出了问题的关键,即如果单从形式上看,日本的确在法律制度上基本完成了现代化转型,但如果从实质上看,

〔1〕［日］川岛武宜:《现代化与法》,申政武等译,中国政法大学出版社2004年版,第131页。

〔2〕参见陈新宇、陈煜、江照信:《中国近代法律史讲义》,九州出版社2016年版,第7–11页。

〔3〕参见［日］川岛武宜:《现代化与法》,申政武等译,中国政法大学出版社2004年版,第131页。

现代法律秩序却并未随之建构起来。而正是在这种棚濑孝雄所谓的形式与实质的“二元对立图式”当中，川岛武宜所关注的“日本人的法意识”问题尖锐地呈现了出来。换言之，法律制度与法律意识的同构性并未达成。

（二）传统法律意识的韧性

根据川岛武宜的法律理论，作为一套刚性社会规范的法律制度尽管已经建立起来，但它能否真正发挥其规范效力去“规范”人们的行为，进而形塑特定的法律秩序，却要依赖于主客观等方面的多种因素。川岛武宜认为，在这些“决定人类行为的种种要因中，最接近行为决定处所发生的现象就是赋予行为以动机的‘意识’”。〔1〕这是因为，任何一种法律制度，都旨在规范人们的行为，并最终通过人们的行为才能达到其形塑法律秩序的目标。换言之，仅具“规范效力”的法律制度，必须借助于受特定法律意识支配的社会成员的主动的、普遍的守法行为，才能发挥出“实际效力”，进而实现其形塑法律秩序的目的。明乎此，我们自然就可以判断出，日本虽然能够在短时间内通过大规模继受大陆法，从而快速地完成了制度文化的现代化，但是它却没有，实际上也不可能同步实现其观念文化的现代化。明治政府绝无可能如其自上而下推动西式立法那样，便捷快速地在全体国民的内心当中也掀起一场“灵魂深处的革命”，从而普遍确立与现代法律制度相匹配的现代法律意识。实则在其现代法律制度的表象之下，社会成员普遍的法律意识仍然是属于中华法系的传统，即仍然处于前现代状态。因此，依然固守着传统法律意识的日本人，对于政府继受而来的这一整套现代法律制度，也就无法自觉形成普遍且有效的“法认识”，以及与之相应的“法感情”。因此，人们在日常生活当中，就不习惯而且也不愿意按照这一套近乎陌生的法律制度所确定的行为方式来行事。由此，其整体的法制现代化

---

〔1〕 参见［日］川岛武宜：《现代化与法》，申政武等译，中国政法大学出版社2004年版，第136页。

转型也就必然遭遇到社会大众的阻碍。

川岛武宜的研究既然突出了法律意识对于建构法律秩序的重要意义，那接下来的问题自然就是：日本传统的法律意识是怎样的？它是如何形成的？它与现代法律意识之间究竟存在怎样的区别？以及最紧要的，传统法律意识如何才能实现现代化？这里需要特别指出的是，川岛武宜对于法律意识问题进行的法社会学研究，目的是通过对比日本传统法律意识与现代法律意识之间的差异，进而探究其社会与经济根源，最终为传统法律意识完成现代化变迁，进而实现法制现代化转型提出理论上的路径或方案。所以，他研究的重点在于从实证的角度厘清传统与现代的“法律意识是什么”，而并不是从学理上梳理“什么是法律意识”。

对于川岛武宜的这一理论旨趣，本书是深为赞同的，因而也为本书所采纳。外源型法制现代化，是由于外在“压力”所致，所以过程中必定存在诸多的难题与阻碍，相关的学术研究也应该体现出其“事功”的一面，以期能够为现代化转型提出有意义的引导。按照著名学者真田芳宪的观点，日本在完成其第一次法制转型之后，就已经属于中华法系了，而且这个文化传统一直延续至其开启现代化转型之时。所以，对于上述四个问题，实则都不是日本所独有的。但凡属于中华法系的国家，可以说都大抵如此。特别是作为中华法系“母国”的中国，表现得更为明显，在传统文化的影响上，也表现出更强的韧性。在川岛武宜本人看来，上述转型中的难题也绝不仅仅是地方性的，换言之，它们不只是日本法制现代化转型中会遇到的问题。事实恰恰相反，它们在很大程度上是普遍性的，“这些问题可能与现代的多数社会，尤其是亚洲和非洲等诸社会在‘资本主义化’或‘工业化’或‘近代化’等词汇所描绘的经济、社会变化中，现在或不远的将来可能会经历到的问题共有着许多相同要素”。[1]

---

〔1〕 参见[日]川岛武宜：《现代化与法》，申政武等译，中国政法大学出版社2004年版，第132页。

三、传统与现代法律意识的区别

(一)关于权利之意识的区别

根据现代化理论,现代与传统都不是绝对的概念,现代是相对于传统而言的;反之,传统也是相对于现代而言的。依此,传统与现代在理论和实践上,都必然是互为参照的,即必须依据一个才能界定、说明与解释另一个。因此,对于传统法律意识,也就需要以现代法律意识作为其参照,才能准确地予以界定、说明和研究。而川岛武宜的研究,就表现出了这种理论自觉。六本佳平曾指出,“川岛的法意识论是在西方植入的制定法诸规定的逻辑分析基础上进行理念性推理得出的结论,是基于西方人的法意识模型并以此为参照描绘日本现实的理论”[1]。

因为在法制现代化转型开启时,中日两国在经济社会结构、政治体制、文化传统以及法系类型上,都具有相当大程度的一致性。例如,两国都实行自然经济、都处于封建社会、都实行君主制、也都信仰儒家文化以及属于中华法系等,是以,两国在法律意识上也就体现出高度的一致性。在此,本书就依据川岛武宜所选定的三个主题对法律意识展开分析比较。

关于权利的意识,在大陆法系传统当中,法律与权利只是同一事物的两个不同的侧面而已。学者认为这一观念在西方具有悠久的历史,最早是源于拉丁文,因为“在拉丁文中,jus 就是一个具有哲理意义的模糊概念,其语义不仅是指‘法’,也兼指‘权利’‘正义’‘公平’等”[2]。大陆法系里有主张法律是客观的权利(das Recht im objektiven Sinn),而权利是主观的法律(das Recht im subjektiven Sinn)之说,[3]这一充满思辨色彩的表达暗示了法律与权利二者关系的模

---

〔1〕［日］六本佳平:《日本法与日本社会》,刘银良译,中国政法大学出版社 2006 年版,第 18 页。

〔2〕舒国滢主编:《法理学导论》,北京大学出版社 2006 年版,第 24 页。

〔3〕参见［德］鲁道夫·冯·耶林:《为权利而斗争》,郑永流译,法律出版社 2012 年版,第 4 页。

糊性,但同时也揭示出二者之间所固有的内在关联性。因此在大陆法系传统里,为权利而斗争就是为法律而斗争。所谓的斗争,实则就是权利人积极主动地主张法律所赋予其的各种权利。为权利而斗争不仅从法律上讲是完全合法的,而且从人们的行为观念,亦即法律意识上讲也是非常正当的。更进一步地,为权利或者法律而斗争还构成了每个社会成员的基本的道德义务。根据耶林的观点,人的道德存在的前提条件就是权利,“在权利中,人类占有和捍卫其道德的生存条件——没有权利,人类将沦落至动物的层面”。[1] 因此他主张,为权利而斗争不仅是一种权利人对自己的义务,主张权利同时是一种对集体(Gemeinwesen)或者社会的义务。所以,“每一个处在必须维护其法权的境况中的个人,承担着这种民族事业中自己的那一部分,为在世界上实现法权的观念,尽其绵薄之力”[2]。

但是在川岛武宜看来,对于传统的日本人而言,几乎不存在这样的权利意识,他们也缺少权利观念。“明治时期的近代诸法典,尤其是民法,以权利为单位构成,法律家则以权利为基准来处理问题。西方承认人们维护自己的权利是正当的,而在日本,这是自我中心主义、扰乱和平、不当地索求政治权力的救济行为,常受到非难。”[3] 对此,川岛武宜还特意通过对工会的结社权与罢工权的考察,清晰地揭示出日本人传统法律意识的状态。根据日本《劳动工会法》的规定,工会享有结社权与罢工权,“但是人们仍旧认为,劳动者团结起来提出涨工资等要求是对雇主的‘叛乱’,劳动者被责为‘不逞之徒’”。[4]

---

〔1〕 参见[德]鲁道夫·冯·耶林:《为权利而斗争》,郑永流译,法律出版社 2012 年版,第 13 页。

〔2〕 [德]鲁道夫·冯·耶林:《为权利而斗争》,郑永流译,法律出版社 2012 年版,第 2 页。

〔3〕 [日]川岛武宜:《现代化与法》,申政武等译,中国政法大学出版社 2004 年版,第 147 页。

〔4〕 参见[日]川岛武宜:《现代化与法》,申政武等译,中国政法大学出版社 2004 年版,第 139 页。

关于权利的意识，中国的传统法律文化相较于西方也是大异其趣。在我们的传统中并没有"权利"之说，而且"汉字'法'或者'律'并不包含有现代的'权利'这个法律概念。'法'或'律'意指'正义'、'标准'、'模式'或'尺度'，但没有某人对某物或对其他人拥有权利那种意义上的'权利'的含义"[1]。因此，川岛武宜如上对日本人关于权利的意识所作的分析，在我们看来应该不会陌生，因为中国传统法制的一个重要特征，就是"义务本位"。[2] 质言之，也就是抑制社会成员的权利意识，而强调个人对于家庭、社会以及国家应负担的各种法律义务。

当然，义务本位这个概念所包含的内容并不仅限于此，除抑制权利而提倡义务的法律意识之外，更重要的则是相应法律制度的安排。换言之，传统法律文化在"义务本位"上也真正做到了制度与观念的"同构性"。在传统法律制度里落实所谓的义务本位，就是在法律中规定的主要是社会成员的各种义务而非权利，义务是根本。因此，在有关社会成员的权利与义务的规定上，其结构是严重失衡的。但我们在这里要重点考察的并不是法律制度，而是法律意识。换言之，是传统法律文化中的义务本位在法律观念上的表现。

按照梁治平先生的界定，在上起秦汉下至明清的汉唐文明中，传统法制上实行的是伦理主义的"礼法之治"。而"礼"在传统社会里的主要作用，就是"别贵贱""序尊卑""经国家""定社稷"，实则就是通过在家庭、社会、政治诸领域确定各种不平等的身份关系，以此来形塑表征等级的礼治秩序。在"尊尊、亲亲、长长、男女有别"的宗法等级制度下，已经标定了个人在不同领域以及社会行动中的具体身份。并且在这种严格的身份关系当中，"父—主—夫的地位跟子—

---

〔1〕［美］金勇义：《中国与西方的法律观念》，陈国平等译，辽宁人民出版社 1989 年版，第 108 页。

〔2〕参见张晋藩：《中国法律的传统与近代转型》，法律出版社 2005 年版，第 50－53 页。

奴—妻的地位相比，并不具有权利义务关系的对等性"[1]。因此，子对父、妻对夫、臣对君、贱对贵、幼对长等，都应当是依照礼制来恪尽义务，却不得主张权利。

尽管传统社会里讲究的是"礼不下庶人，刑不上大夫"，但绵延两千年的汉唐文明，也还是通过文治武功在庶人生活于其间的"乡土社会"里普遍建立起了"礼治秩序"。[2] 礼治建立在相对简单而稳定的宗法伦理关系之上，借此来有效地解决人们在日常生活中遇到的各类问题。而在以自给自足的自然经济为基础的乡土社会里，成员的社会流动性极低，真正是个"安土重迁的，生于斯、长于斯、死于斯的社会"，因此它满足了礼治秩序得以产生并发生效用的基本前提。在社会交往范围极其有限，乡民之间几乎就是"抬头不见低头见"的乡土社会里，主动付出的义务本位行为模式才是为人处世的正道。当然，这种身份关系当中的义务，也并不意味着仅仅是一方单向的付出。在礼治秩序之下，讲的是"父慈，子孝，兄良，弟悌，夫义，妇听，长惠，幼顺，君仁，臣忠"（《礼记·礼运》）。因为毕竟，传统社会里的行为原则也是讲求"礼尚往来"的。这里所强调的，是社会秩序得以建构的观念基础是义务本位的。所谓的权利意识，在这样的政治、经济、文化与社会背景之下，的确无由萌生和发展。

（二）关于法律之意识的区别

关于法律的意识，在大陆法系传统中，法律作为一套具有强制约束力的行为规范，其内容与效力必须清晰且稳定。通常所说的"法的规范作用"，即法律所具有的指导、预测、评价、教育以及强制等功能，莫不建立在其规则的清晰性与稳定性之上。在著名法学家富勒看来，法律规定清晰明了以及法律具有稳定性等原则甚至是"法律

---

〔1〕［美］金勇义：《中国与西方的法律观念》，陈国平等译，辽宁人民出版社 1989 年版，第 117 页。

〔2〕参见费孝通：《乡土中国 生育制度》，北京大学出版社 1998 年版，第 48－53 页。

的内在道德”的要求，[1]只有满足了它们，法律才具备了道德性(morality)。但法律制度所具有的上述特征，也极容易造成其落后于社会现实的弊端。毕竟，规则是有限的，而生活是纷繁复杂的，现实生活具有任何规则体系都无法完全涵括的丰富性。换言之，清晰且稳定的法律规范在应对社会生活实践当中，极有可能是一柄“双刃剑”。因其清晰且稳定，所以能充分发挥法律规范社会生活的基本功能；但因其清晰而稳定，所以也极容易出现法律漏洞，导致法律规范无法“规范”社会生活的窘境。具体而言，就是指在法律适用过程中，因法律规则无法有效地涵摄案件事实，进而造成法官无法通过演绎推理得出最终裁判的结果。正如梅利曼所说，“‘完整、清晰、逻辑严密’并具有预见性的法典规定并没有使法官摆脱对必要的法律条文进行解释和适用的负担”[2]。

针对这一固有难题，大陆法系就必须通过所有可能的途径予以应对。首先在立法上，大陆法系就是借助于“法源论”，即所谓的“有法从法，无法从习惯法、从法理”等立法设置来完善法律的体系性，以图拓展规则的涵摄范围和适用能力。其次在司法实践中，就是逐渐发展出诸如“法律解释”、“漏洞补充”、“类推适用”以及“利益衡量”等技术手段来予以补救。这些司法上的补救措施，经过实践中的不断试错(trial and error)，待条件成熟时再通过法律修订程序而进入法典。

但是在川岛武宜看来，对于传统的日本人而言，其“法律用语本来就是不确定、不固定的”，[3]所以在日本传统的司法审判中，也

---

[1] 参见[美]富勒：《法律的道德性》，郑戈译，商务印书馆2005年版，第55－107页。富勒在书中列出了“法律的内在道德”的八项要求，其中就包括了上述的两项。但需要指出的是，富勒是用“法律在时间之流中的连续性”来指代“法律的稳定性”的。

[2] [美]约翰·亨利·梅利曼：《大陆法系》，顾培东、禄正平译，法律出版社2004年版，第43页。

[3] 参见[日]川岛武宜：《现代化与法》，申政武等译，中国政法大学出版社2004年版，第150页。

"罕有依据'习惯法'或'条理'表现法律判断基准的判决,而且罕有据此表现法律判断基准的学说"。[1] 根据西方的法律意识,法律一旦颁布,就必须严格执行,"即使世界消亡,也必须执行正义"是其普遍信奉的法律格言。与此相反,在日本人的传统法律意识当中,却明显缺乏这种对于法律之确定的规范效力的普遍认同。川岛武宜举例说,尽管日本已经颁布了《卖淫取缔法》,但这种违法行为仍然在很多地方半公开地存在,而更为吊诡的地方在于,"根据日本人的法意识,机械地执行这样的不现实的法律实行取缔,是'不通情理'的做法,警察若要抵制民众的类似想法、严格地执行该法律条款,则需要相当的勇气"。[2]

关于法律的观念,张中秋教授曾指出,"传统中国的法观念是一个大法观念,包括天理、国法和人情"[3]。三者当中,实则是以国法为中枢,彼此协调统一,共同维护社会秩序。但情、理、法三者的关系及其表现在实践中却非常复杂。首先,从立法上讲,汉唐文明的法制形式是"礼法之治",所以自汉开始,即启动了"以礼入法",实现"儒法合流"。尽管"礼"在本质上并不是道德,但无疑地,与"法"相较,"礼"是相当道德化的一种社会规范。因此,"以礼入法"的过程,实则即开启了道德法律化与法律道德化的双向交融过程。这个交融过程,对于礼法之治是最自然不过的了,但是从法律的明确性与稳定性上讲,走的却是相反的路子。在中国传统法制当中,法律的明确性与稳定性实则是法家一派的"法治"所极力主张的内容。[4] 所以在"礼法之治"中,正是要通过消解法家所主张的法律的明确性

---

〔1〕 参见[日]川岛武宜:《现代化与法》,申政武等译,中国政法大学出版社2004年版,第151页。

〔2〕 参见[日]川岛武宜:《现代化与法》,申政武等译,中国政法大学出版社2004年版,第155页。

〔3〕 张中秋:《传统中国法理观》,法律出版社2019年版,第272页。

〔4〕 参见李贵连、李启成:《中华法史三千年》,中国民主法制出版社2016年版,第96页。

与稳定性,从而摆脱法家刻薄寡恩的固有形象,进而实现儒家所主张的仁。就此而言,董仲舒主张的“春秋决狱”就是一个极好的例证。

其次,从司法上讲,传统中国的司法大抵都属于文官断案。换言之,在法制现代化转型之前,我们既没有专业化的司法机构,更没有职业化的司法人员。实际负责案件审判的,都是各级文官。作为裁判基准的法律,本已融合了情、理、法,而法律又赋予司法官员以相当的自由裁量权,加之其裁判的目标并不单纯地落在解决纠纷上,而是要通过纠纷解决来恢复和谐的伦理与社会秩序。这当然就为那些富有抱负的文官提供了施展其才华的广阔天地,“他们依据法律,却不拘泥于条文与字句;明于是非,但也不是呆板不近人情。他们的裁判常常是变通的,但是都建立在人情之上,这正是对于法律精神的最深刻的理解”[1]。这种不断消解法律之明确性与稳定性的司法活动,看似矛盾,实际上在礼法之治中是非常正当的。而且唯其如此,才能真正实现“礼法”之治。正如张晋藩先生曾指出的,“法与情两全,使亲情义务与法律义务统一,是良吏追求的目标。他们宁可舍法取情,以调整法与情的某种冲突,避免以法伤情,从而增强宗法社会成员的亲和力,发挥寓教于刑的法律功能”[2]。而在庙堂(国家层面)之外,这种情、理、法相交融的、极富弹性的“大法观念”在江湖(社会层面)之中则更为流行。俗谚中的“人情大于国法”“人情大如天”等,率皆表明在普通民众的固有观念里,人情乃是更高的法律,它不但具有超越国法的地位,甚至还具有某种西方意义上的“自然法”的地位。而且在实践当中,有时候它也的确可以发挥出制约王法的作用。

(三)关于诉讼之意识的区别

关于诉讼的意识,在大陆法系传统中,诉讼是解决纠纷的一种重

---

〔1〕 梁治平:《法意与人情》,中国法制出版社2004年版,第236页。

〔2〕 张晋藩:《中国法律的传统与近代转型》,法律出版社2005年版,第94页。

要法律手段,由于在社会成员当中普遍存在对于权利和法律的信仰,所以一旦因权利而发生冲突,人们当然可以选择通过诉讼这种更具权威的机制来解决纠纷。尽管选择以诉讼方式解决纠纷,可能意味着要付出更多的时间、精力乃至金钱上的成本。但无论如何,人们选择诉讼是完全正当的,并不会受到任何道德上的非议。

然而在川岛武宜看来,传统的日本人却更倾向于通过“调停”,而不是诉讼来解决纠纷,他们在观念上也很难认同这种黑白分明的纠纷解决方式。因为“对于传统的法律意识而言,提起诉讼即公然地向对方挑战,意味着制造事端”。[1] 在这一点上,传统中国的情形也与其非常一致。在我们的传统法律文化中,也一直提倡“无讼”或者息讼止争。孔子就明确主张施政的目标之一是无讼,他说:“听讼,吾犹人也。必也使无讼乎!”(《论语·颜渊》)儒家传统所追求的理想的社会形态,就是一个没有纠纷的和谐的社会。建构这样的理想社会,应当主要依靠道德的教化而非法律的强制,换言之,就是“德主刑辅”。而兴讼,即为不服教化所致。所以孔子认为“导之以政,齐之以刑,民免而无耻”,而只有“导之以德、齐之以礼,有耻且格”(《论语·为政》)。在礼法之治中,无讼获得了儒家正统观念的支持,因此诉讼在传统中国人的心目中自然也就成了一种为礼所不容,为贤者所不屑的卑猥行为。

基于法律制度与法律意识的同构性,这种无讼的观念在实践上也获得了制度的相应支持。由于崇尚无讼,所以对于各级官员来讲,维持礼法秩序的理想手段就是道德教化,而不是断决狱讼。有狱讼,于官员而言就是其德化不足和政绩不良的表现。而对于普通庶民来讲,在礼法秩序中做人,如果不知道“礼”就是不懂规矩,健讼或好讼者则更是无良刁民了。无论官员还是庶民,没有做到无讼的,都是要受到惩罚的。此外,基于无讼的价值追求,则“调处”自然

---

〔1〕 参见[日]川岛武宜:《现代化与法》,申政武等译,中国政法大学出版社2004年版,第170页。

就成为解决社会矛盾的主要手段了。因为它有利于维护礼法秩序的稳定,也有助于实现乡土社会中人际关系的和谐,同时还可以减轻当事人的讼累。但是换一个角度来看,学者也中肯地指出,"调处息讼培养的不是'法律意识'",而是传统的道德伦理观念。调处息讼始终贯彻着的"息事宁人"的思想因素,顿挫了民众为自己的权益而斗争的精神。[1]

四、导致区别的根本原因

(一)传统法律意识的经济与社会基础

以上仅就权利、法律以及诉讼所作的比较分析,已经揭示出了传统与现代法律意识之间的巨大差异。那接下来必须要回答的问题就是,这种差异性究竟是如何产生的。因为只有真正弄清楚问题产生的根源,才可能解决问题。换言之,只有探明传统法律意识的产生根源,才有可能推动它实现向现代化的转型。在上面的比较分析中,已就中国传统法制,亦即"礼法之治"下关于权利、法律以及诉讼的法律意识进行了必要阐述,大致归纳了其产生的经济、社会与文化上的缘由。此即自给自足的自然经济、乡土社会、儒家文化或宗法文化。因此在这里,我们主要思考川岛武宜对日本的传统法律意识与现代法律意识产生根源的对比分析。

对于究竟是什么因素塑造了日本人的传统法律意识,川岛武宜给出的是一个非常确定的唯物论的解释,即日本人的法律意识源于其固有的经济与社会结构。具体来看,首先,传统的日本社会属于以从事农业生产为主的村落社会,在村落社会里,基本的社会组织形式是体现着等级差异的家长制与家族制。既然如此,那就绝对不可能产生类似于西方的那种基于平等主体资格的"权利—义务"关系,而只能发展出混合了"权力—服从"以及"恩惠—互助"等复杂内

〔1〕 参见张晋藩:《中国法律的传统与近代转型》,法律出版社2005年版,第278页。

容的社会关系。[1] 而这种混合型社会关系,原本就不是以成员彼此间明确的权利与义务来表达和界定的。根据唯物论立场,既然不存在以权利来表征的社会关系,那自然也就不会有以权利来表征的法律观念。因此,所谓的"权利意识"根本无法产生,实则也无须产生。

其次,基于农业社会中社会成员普遍的低流动性的特点,在传统日本的村落社会中,就逐渐形成了一些成员范围较为固定的小集团,诸如家庭、亲属、部落以及各种辈分性集团等。在这些相对封闭的小集团内部,其成员之间会基于婚姻、血缘以及地域等原因而逐渐发展出较为亲密的"协同体"关系。正是基于这种协同体关系的固有性质,"在传统日本人的法意识中,认为权利、义务是'若有若无的东西',而不愿让它明确化为确定的东西";[2] 当协同体内部发生纠纷时,其成员通常也不会寻求以诉讼方式来解决其纠纷,因为"在这样的社会中,人们期待用不破坏这样的'协同体'关系或者有助于形成'协同体'关系的方式来'完美收场'"。[3] 因此,诉讼就自然不可能是首选的纠纷解决方式。因为诉讼完全是建立在事实关系清楚且确定这一前提之下的一种纠纷解决机制,所以诉讼程序一旦启动,就必须要将原本并不明确的权利与义务转变为一个确定的法律事实。而这样的话,就势必会破坏传统社会中"协同体"关系的基础。日本传统法制中的"调停"制度,则正好规避了诉讼所导致的这一显著弊端。在川岛武宜看来,调停的目的"并非判定纠纷当事人某一方'正确'——依据现代法的'裁判'则以此为目的——它的目的是在纠纷当事人之间制造'友好关系',消除纠纷的'角','大事

[1] 参见[日]川岛武宜:《现代化与法》,申政武等译,中国政法大学出版社2004年版,第139-145页。

[2] 参见[日]川岛武宜:《现代化与法》,申政武等译,中国政法大学出版社2004年版,第170页。

[3] 参见[日]川岛武宜:《现代化与法》,申政武等译,中国政法大学出版社2004年版,第185页。

化了、小事化无'"[1]。

我们看到,川岛武宜对日本传统法律意识产生根源所作的分析,与前文就中国传统法律意识之形成的分析,具有相当程度的一致性。而产生这种一致性的"根源",就是中日两国面临现代化转型之际,在政治、经济、社会、文化以及法律诸领域的高度一致性。这不但说明本书前面所提出的,从法系比较的角度,具体而言就是通过对大陆法系与中华法系的比较,来分析法制现代化转型中法律文化冲突的研究策略是可行的。同时也印证了本书此前所作的基本判断,即既然中日两国同属中华法系,又都面临法制现代化转型,那么日本在转型中所遇到的问题,也会是我们将要遇到的问题。日本由于快速完成了法律制度的现代化,进而导致了其与固有的传统法律意识之间的尖锐冲突。这种法制转型中的"水土不服"现象,也同样会发生在我们的转型过程中。

（二）现代法律意识的经济与社会基础

基于川岛武宜所坚持的唯物论立场,他认为现代法律意识之所以不同于传统法律意识,主要原因也就是其赖以产生的经济与社会结构不同。具体地,川岛武宜将源于西方的现代法律意识得以形成的经济与社会结构,概括为以商品生产和自由交换为主要内容的资本主义社会。在他看来,这种"资本主义经济是以个人的利己心及其自发的创造精神、责任感为原动力而运行的经济。但是,其利己心不是绝对否认他人的原始的利己精神,而是以社会分工为基础的社会性经济中的利己。所以,资本主义经济是人把他人同自己一样作为人格的主体而加以承认,常常是以等价从他人那里得到利益的伦理世界"。[2] 川岛武宜在这里所表达出的,实际是现代法制中的"抽象人格"以及与其相应的"主体意识"。这种主体意识,在川岛武

---

〔1〕［日］川岛武宜:《现代化与法》,申政武等译,中国政法大学出版社 2004 年版,第 183 页。

〔2〕参见［日］川岛武宜:《现代化与法》,申政武等译,中国政法大学出版社 2004 年版,第 46 页。

宜看来包含两方面的要求:“一是人自我本身具有固定的支配领域这种意识;二是这种意识在社会范围内作为‘社会性的’存在,大家互相对他人作为具有这种支配的主体给予承认和尊重。”[1]我们知道,这种主体意识是现代法律意识中最为根本的、基础性的因素,所谓的权利意识、法律意识以及诉讼意识等,莫不建立在此主体意识之上。

所谓现代的权利意识、法律意识以及诉讼意识等,实质上都源于主体意识。因为,必须先有这个法律主体——“人”存在,法律、权利以及诉讼机制等的设置才有意义,而且这些制度设置的最终目的,也都是为了保障法律主体——“人”的意志与利益。换言之,前者完全是后者的逻辑以及社会结果。其中的道理就在于:个人作为一种理性的、有意识的社会性存在,他如何认识、进而对待自己,是他如何认识、进而对待他人以及周围其他事物,如权利、义务、法律等的前提。因此,一个具备现代法律人格与主体意识的人,就“不仅意识到为了对抗侵害权利而主张自己的权利是问心无愧的正当行为,甚至会感到只有主张权利和为权利而斗争才是肩负维护这种秩序的权利人为维护法律秩序应尽的社会义务”。[2] 前已述及,这种法律意识正是现代法律意识的核心要义。

川岛武宜以日本法制现代化转型之际为其比较研究的起点,而现代法律文化中的“抽象人格”,的确是与资本主义商品经济之间有着内在关联的。“商品经济是天然的平等派”,因此,二者之间在本质上是彼此契合、相互支撑的。在资本主义经济中,要保障商品的自由交换,一个必要的前提就是在法律上有效确立起个人对于“物”(商品)的排他性支配,亦即财产所有权制度。然后是要确立起人与人之间得以进行商品交换的那种明确的、稳定的法律机制,亦即契

---

〔1〕 [日]川岛武宜:《现代化与法》,申政武等译,中国政法大学出版社 2004 年版,第 52 页。

〔2〕 参见[日]川岛武宜:《现代化与法》,申政武等译,中国政法大学出版社 2004 年版,第 55 页。

约制度。借此，普遍性的权利意识以及诉讼意识等得以逐渐产生。

（三）对经济与社会基础决定论的反思

川岛武宜通过对“现代化与法”这一主题的比较研究，指出了仅仅完成法律制度的现代化是远远不够的，完整的法制现代化转型，需要实现现代法律制度与现代法律意识的“同构性”。否则，就必然会产生法律文化的冲突，并延宕现代化转型。我们必须承认，川岛武宜借助于其实证的法社会学研究，对于外源型法制现代化国家在转型过程所遇到的特殊困境的认识，是非常准确且富有洞见的，他指出了法律意识在法制现代化转型中的重要意义。这一点，对于理解和推进中国的法制现代化也极具参考价值。因为，这不仅是他们曾遇到的问题，同时也是我们会遇到的问题。

但是，我们也要指出，尽管川岛武宜对问题或者说症结看得很准，但是他给出的解决问题或者说消解症结的方案，却实在是显得过于简单了。基于他的唯物论立场，川岛武宜将现代法律制度与法律意识的“同构性”建立在现代的经济与社会结构之上。换言之，对于中日等外源型法制现代化国家，只要能完成经济与社会结构的现代化变迁，建立起现代商品经济，现代法律意识似乎自然就能够产生出来并获得发展。

在本书看来，川岛武宜关于现代法律意识产生机制的观点，在很大程度上可以说是“反历史”的。换言之，他的观点并没有真正揭示出观念与经济社会结构之间的复杂关系。诚然，经济与社会结构对于制度以及观念具有巨大的“影响”，这一点是无法否认的。但问题在于，制度与观念或许并不完全就是“被动地”由经济社会结构所“决定”的。历史经验也充分表明，制度与观念经常会通过其载体——经济与社会结构中的“人”——而“主动地”反作用于经济与社会。例如，顾准先生早先的研究就表明，恰恰是罗马法权体系促成了欧洲中世纪城市的兴起，以及资本主义的产生。在他看来，所谓的市民阶层与资本主义等，并不纯粹就是一种经济现象，它们同时也是一种法权体系。虽然法权体系在本质上属于上层建筑，但

"并不是只有经济基础才能决定上层建筑,上层建筑也能使什么样的经济结构生长出来或生产不出来"。[1]

川岛武宜以日本法制现代化转型之际作为其比较研究的时间起点,而在那个时间点上,法制现代化国家的经济与社会结构的确是资本主义商品经济。但需要指出的是,川岛武宜对法律意识的实证研究,只关注了"当下",即日本法制现代化转型开启之际,作为外源型现代化的日本的传统法律意识,与作为内源型现代化的欧陆国家的现代法律意识之间的比较。因此,对于现代法律意识,川岛武宜只进行了一次"历史断片"式的学术考察。换言之,他并没有关注现代法律文化,包括法律制度与法律意识的历史形成过程。而在本书看来,必须对属于内源型现代化的欧陆国家的法制现代化过程进行细致的梳理,我们才可能形成对于法律制度、法律意识及其经济社会结构彼此之间关系的一种客观的、准确的认识。而只有基于这种客观与准确的认识,我们才可能提出顺利完成法制现代化转型、解决法律文化冲突的有效路径。因此,川岛武宜提出的法制现代化转型方案,尽管从他所坚持的唯物论立场来看,的确是逻辑周延的。然而,逻辑并不能替代经验事实。

川岛武宜的研究结论只是一个"视角",他提醒我们要关注法制现代化转型当中,经济与社会结构所具有的重要影响力。但显而易见,对于法制,经济与社会结构并不是唯一的制约因素,甚至它也并不见得就是决定性因素。或者至少,在法制变迁的实际过程当中,它并不一直都是决定性因素。这一点,作为内源型现代化的欧陆,其法制现代化的大致过程就足可说明。因此,川岛武宜对"现代化与法"这一主题所作的实证研究,进而根据其研究结论所给出的法制现代化转型方案,尽管深刻,但无疑也属于"片面的真理"。

本书在此不厌其烦地讨论川岛武宜关于法制现代化的观点或者方案,就是想指出,这种简单、片面的转型方案,很可能不利于外源

---

〔1〕 参见顾准:《顾准文集》,中国市场出版社2007年版,第211页。

型现代化国家的法制转型。梁治平先生在其法律文化研究中就曾指出，“用部分说明部分，只能在互为因果的圈子里打转，却不能深刻地把握部分。只有把部分放到整体的背景中考察，才可能跃上一个层次，一下子抓住本质的东西……整体与部分的关系并不止于决定与被决定，部分也会积极地参与整体，否则，整体就无从谈起”[1]。所以，必须从整体现代化的角度出发，去探讨法制现代化转型当中，法制与政治、经济、社会、文化等要素之间的复杂关系，我们才可能得出不但逻辑上周延，而且理论上自洽，更重要的是实践上可行的转型路径或方案。

根据伯尔曼的研究，欧洲大陆的法制现代化进程，大致是从 11 世纪开启的，其标志性事件就是罗马法的复兴。[2] 之所以会发生罗马法的复兴，主要原因在于欧洲当时的政治、法律状况与其经济社会发展之间的内在矛盾。自西罗马灭亡欧洲进入中世纪后，其政治上的基本状况是小国林立，正如赫尔佐格指出的，“中世纪早期的绝大多数人生活在一个政治国家的地理范围非常狭小，故而法律的适用领域也极为有限的世界里”[3]。其法律上的状况更为纷乱，“这一时期的法律世界由碎片化的罗马法、日耳曼法、地方法和教会法拼凑而成，呈现出高度分化的、多元的、复合的状态，这说明不同渊源的规范之间存在巨大的差异”[4]。但自中世纪中期开始，欧洲在经济上的基本形势却是城市自治的日益兴起，以及商业贸易的不断拓展。商品经济的发展，客观上就需要有统一的市场和统一的法律，以有效降低交易成本。而在当时，能够为欧洲大陆提供这种“统

〔1〕 梁治平：《法辨》，广西师范大学出版社 2015 年版，第 3－4 页。

〔2〕 参见[美]哈罗德·J. 伯尔曼：《法律与革命：西方法律传统的形成》，高鸿钧等译，法律出版社 2008 年版，第 115－160 页。

〔3〕 [美]塔玛尔·赫尔佐格：《欧洲法律简史》，高仰光译，中国政法大学出版社 2019 年版，第 86 页。

〔4〕 [美]塔玛尔·赫尔佐格：《欧洲法律简史》，高仰光译，中国政法大学出版社 2019 年版，第 87 页。

一前景”的,只有基督教和罗马法。基督教在中世纪欧洲的影响力自不必说,罗马法在日耳曼“蛮族”当中,也享有崇高的声望。它是成文的法理,世俗的自然法,表征着人类的至高理性。如此一来,罗马法的复兴就具备了现实的经济与社会基础。

分析至此,似乎正好印证了川岛武宜的观点,即经济与社会结构——欧洲的城市自治与商业贸易,决定了法律文化的产生——罗马法的复兴。实则不然,问题的关键在于,事实上欧洲大陆并没有在这种经济与社会结构之上,“自动地”产生出现代法制来,所以才必须回头“向历史学习”,去复兴罗马法,包括罗马私法中的基本法律观念与法律制度。〔1〕换言之,在欧陆国家的法制现代化过程中,现代法律制度与法律意识,实际上都不是在其经济与社会结构之上所产生出来的“新的”事物。事实刚好相反,欧陆的现代法律文化反而是通过继受“旧的”罗马法才形成的。当然,在罗马法复兴的具体过程中,先后经过了“注释法学派”(Glossators)与“评注法学派”(Commentators)的持续的学术努力,因此可以说复兴当中既有“继受”,但也有一定的“创新”,并不就是简单地照搬罗马法。〔2〕

换一个角度来讲,由于欧洲大陆经济与社会结构的变化,使得当时的法律无法适应这一发展局面,从而产生对现代法律文化的客观需求是一回事;而适应这种发展需求的现代法律文化究竟如何产生,以及具有何种性质与样式却是另一回事。川岛武宜的唯物论分析理路,只能部分地解释第一个问题,却无法回答后一个问题。从欧陆国家法制现代化的实际过程来看,由于是内源型现代化,所以走的当然是整体现代化的路子。但就法律文化来看,其走的却是

---

〔1〕 研究中世纪史的著名学者厄尔曼在论及《国法大全》的影响时曾说,“它的有关正义的一般原则、法律的分类及实施等,在中世纪的法律观念中居于中心地位;同时,《法典》及《法律汇编》以法律的方式设定了君主制政府的纯粹形式”。参见[爱尔兰]J. M. 凯利:《西方法律思想简史》,王笑红译,法律出版社 2002 年版,第 113 页。

〔2〕 参见约翰·亨利·梅利曼:《大陆法系》,顾培东、禄正平译,法律出版社 2004 年版,第 64 页。

“观念先行”的路子:先是在欧洲的大学里研究和普及罗马法的基本制度与理念,进而形成欧洲的“共同法”,此后则是十八九世纪欧陆各国的法典化(民法典)运动。伴随其间的,则是资本主义经济的持续发展以及民族国家的建构过程。仍然要强调的是,这里对内源型法制现代化的欧陆国家在法律意识问题上的简要考察,也不主要是为了反驳川岛武宜的观点。本书的目标是,通过对其法制现代化转型历史的大致考察,从而更全面地了解法律文化与外部的政治、经济及社会等因素之间的复杂关联,以及法律文化内部的制度与观念之间的复杂关联。

基于如上的比较分析,本书认为,关于法制现代化转型,韦伯所倡导的“选择性亲和关系”或许是一个更为合理的理论解释框架,而且,它也与现代化转型的整体路径呈现出理论与实践的高度一致。因此,它也为我们规划法制现代化路径提供了支撑。简言之,从宏观上讲,法制现代化转型必须与政治、经济、文化等的整体现代化转型一体推进,互为支撑;从微观上讲,法制现代化转型中的法律文化要依据其内在的“同构性”要求,在制度建构与观念培育上同步实施。只有这样,才可能维持传统与现代的有效衔接与良性互动,以此来化解转型过程中的法律文化冲突,并推动现代化转型的顺利实现。

第四章　治理方式及其正当性信仰

一、法治及其正当性信仰

（一）善治与法治的正当性信仰

法治是国家与社会治理的一种方式，在现代社会，它近乎获得了一种普遍的共识，即法治有益于所有的人。因而，对于法治的支持，也并不为某些国家所专有，它受到了生活在不同的政治、经济、社会与文化条件下人们的几乎普遍的推崇。他们支持法治的原因或许各有不同，如有的是为了保护个人的自由与权利，有的是为了维护社会秩序的稳定，有的是为了控制政府的权力扩张，而更多的则可能是为了促进经济的发展，但所有的人都承认法治是现代社会中不可或缺的。在当下中国的语境中，它更被强调是治国之重器，是国家治理体系与治理能力现代化的重要依托。这种论断，不仅是在总结中国的历史经验，也是比较传统的德治、人治与现代的法治之间的优劣之后得出的结论，更是在总结人类社会迄今所经历过的不同治理方式之后而获得的基本认识。质言之，就是法治要优于其他的治理方式。但这里需要说明的是，法治无论是作为一种理论叙述，还是作为一种政治实践，都不仅仅是现代的，它有着漫长而曲折的发展历史。作为一种治理方式，法治是在与其他治理方式的比较与竞争中，表明了它更适合于复杂的现代社会的治理，因而才成为了现代社会的一个显著表征。

从历史上来看，最早的法治思想，源自古希腊思想家，柏拉图与亚里士多德可能是最早阐述法治思想的理论家。柏拉图最早在其《理想国》当中是赞成“人治”的。在他看来，知识在本质上是一种通过理性方式洞见自然以及人类本性而产生的智慧，由于理性仅是少数人才具有的一种能力，因此知识也必定只能为少数人所掌握。而法律则源于生活中积累下来的习惯或惯例，它是从零散的先例当中逐渐提炼出来的经验的产物，在本质上属于约定的范畴。柏拉图认为理性高于经验，那么科学知识也就必然优于大众意见。既然如此，就没有理由尊重法律，也没有理由依靠法律来治理城邦。因为在希腊城邦的民主体制之下，尊重法律，就意味着要让大众的意见成为国家的最高权力；而实行法治，也就意味着利用平庸的经验来治理高贵的城邦。所以柏拉图赞成的是“哲人王”(philosopher - king)的统治，“而哲人王之所以能够独享这种权力，实是因为这样一个事实，即只有他才知道什么是人之善和什么是国家之善”[1]。由于柏拉图继承了苏格拉底所主张的“美德即知识”的古典政治哲学传统，所以在他的观念里，善的人(the good man)、善的生活(the good life)以及善的国家(the good state)等，都属于客观的知识范畴，而非主观的价值判断。既然哲人王具有知识上的优势，特别是掌握了何者为善的知识，那自然就应当由哲人王负责治理城邦，并教导大众，这才是“理想国”的治理方式，因为他能实现城邦的善。如此一来，法律自然就被完全排除在了理想国之外了，而理想国中的公民也自然永远处于哲人王的管教与指导之下了。

有学者就指出，在柏拉图的理想国中，“他宣判了法律的极刑，

[1] [美]乔治·萨拜因：《政治学说史》(上)，邓正来译，上海人民出版社2008年版，第102页。

并把它的尸骨埋葬在理想国家的思想结构或逻辑体系中”[1]。然而，柏拉图所建构的理想国进而主张的哲人王统治，与当时的城邦政制却完全相悖，几乎是对古希腊的城邦政制及其信念的全盘否定。在城邦之中，公民服从法律是其自由和尊严的保障，然而在柏拉图的理想国中，原来城邦制下的公民身份却被彻底地颠覆了。他们原本依据城邦公民的资格，可以在自己的能力范围内参与城邦的各种治理，分享治理的权力并分担治理的责任。但在理想国里，他们不但不被当作享有法律权利的成年公民对待，甚至还被进一步矮化为受专制者教导的对象，这与城邦公民的传统政治与道德信念存在明显的冲突。

在柏拉图晚年的作品《法律篇》当中，他一反先前在《理想国》中主张过的哲人王的典型人治模式，反而积极主张法律的统治。尽管他依然将哲人王的统治当作是最佳的治理方式，但那仅仅是他在理念上所向往的，而不是在现实的城邦政制中可以实施的。因为哲人王统治的前提条件，即知识的获得在实践上是没有任何可靠保障的；而且哲人王在获得统治权力之后，是否会依靠知识来治理国家则更未可知。所以在他看来，实施法治，尽管只能建立一个次优国家（a second - best state），但也只有通过法治，才能真正实现城邦的和谐与德性。也正是从这个意义上讲，柏拉图认为法治（government according to law）要优于人治（government by men）。可以看出，在《法律篇》当中，城邦治理所最为倚重的条件已经由知识转化为了法律，而城邦实现和谐的最佳保障手段也由服从知识变成了服从法律，由此，服从法律自然也就成了城邦及其公民的最高美德。柏拉图宣称，“如果一个国家的法律处于从属地位，没有权威，我敢说，这个国家一定要覆灭；然而，我们认为一个国家的法律如果在官吏之

[1] 王人博、程燎原：《法治论》，广西师范大学出版社2014年版，第6页。

上,而这些官吏服从法律,这个国家就会获得诸神的保佑和赐福"[1]。对于柏拉图的重要转向,萨拜因曾评论说,"《法律篇》中所说的国家乃是以自我克制或节制为首要美德而建立起来的一种国家,而且它是经由培养服从法律的精神而努力达致和谐的"[2]。

柏拉图在其《法律篇》中所表达的法治思想,对之后的政治哲学产生了持久且重大的影响。师承于他的亚里士多德在其《政治学》中所主要探讨的问题之一,就是对于国家的宪制统治(the constitutional rule),在依靠最好的人来治理与依靠最好的法律来治理之间,究竟哪一个更好的问题。有学者指出,"显然,《法律篇》构成了柏拉图与亚里士多德师生之间的金质纽带,把他们的法治观连接在一起"[3]。但是,与柏拉图主要是从哲学理念上探讨人治与法治孰优孰劣不同,"亚里士多德是侧重于从希腊城邦国家政制的经验来观察和讨论法治的优越性的,即他对法治的探讨,主要是在历史方面而非哲学方面"[4]。

所以,与柏拉图在《理想国》中所表达的极端的唯理主义以及精英主义不同,亚里士多德在《政治学》中却表达出了经验主义与某种程度平民主义的倾向。他认为除了理性途径之外,还存在通过人类经验的不断增长而获得知识的可能。而城邦的法律和惯例就是城邦治理经验中的重要组成部分,因而知识也必然根植于其中。基于此,一个民族的集体智慧肯定要比即使是最为聪明的立法者的智慧更为优越。他还坚持认为,法律是不受个人欲望影响的理性,它具有一种特殊的非个人化的品质,而这种品质,即使是柏拉图意义上的哲人王也无法获得。因此在亚里士多德看来,即使是最为贤明的

---

〔1〕 [古希腊]柏拉图:《法律篇》,张智仁、何勤华译,上海人民出版社 2001 年版,第 123 页。

〔2〕 [美]乔治·萨拜因:《政治学说史》(上),邓正来译,上海人民出版社 2008 年版,第 112 页。

〔3〕 王人博、程燎原:《法治论》,广西师范大学出版社 2014 年版,第 10 页。

〔4〕 王人博、程燎原:《法治论》,广西师范大学出版社 2014 年版,第 6 页。

统治者也必须在法律之下，换言之，也要服从法律。他明确指出，“法律应在任何方面受到尊重而保持无上的权威，执政人员和公民团体只应在法律（通则）所不及的‘个别’事例上有所抉择，两者都不该侵犯法律”〔1〕。在《政治学》当中，亚里士多德对法治作了更为全面的界定，即“法治应包含两重意义：已成立的法律获得普遍的服从，而大家所服从的法律又应该本身是制定得良好的法律”〔2〕。至此，法治的核心理念，即“良法善治”——良好的法律与普遍的服从，获得了很可能是最早也最为完整的表达。

对起源于古希腊的这种法治观念，学界有相当多不同角度的解读，例如形式法治与实质法治、贵族法治与平民法治等不一而足。本书所关注的则是，在柏拉图以及亚里士多德对法治的表述当中，都特别强调了一点：“法治”依赖于城邦全体公民的服从。正是在这里，法律意识在法治中的意义或者说重要性彰显出来了。在古希腊先哲看来，既然法律的权威或者说法律的至上性，是实现良善国家的重要条件，那么，公民对法律的普遍服从就是实现良善之治，进而达致良善国家的必要途径。如亚里士多德就曾说，“我们应该注意到邦国虽有良法，要是人民不能全都遵循，仍然不能实现法治”〔3〕。城邦的法律尽管有强制力的保障，但只有获得人们的普遍且自觉的服从，才能保障城邦的和谐与德性。亚里士多德也曾强调过，“人类由于志趋良善而有所成就，成为最优良的动物，如果不讲礼法、违背正义，它就堕落为最恶劣的动物”〔4〕。而且，这种自觉服从法律与城邦制下的政治伦理也是一致的，因为它同时也体现了城邦公民的自

〔1〕［古希腊］亚里士多德：《政治学》，吴寿彭译，商务印书馆1965年版，第192页。

〔2〕［古希腊］亚里士多德：《政治学》，吴寿彭译，商务印书馆1965年版，第199页。

〔3〕［古希腊］亚里士多德：《政治学》，吴寿彭译，商务印书馆1965年版，第199页。

〔4〕［古希腊］亚里士多德：《政治学》，吴寿彭译，商务印书馆1965年版，第9页。

由与责任。

（二）良法与法治的正当性信仰

与柏拉图稍有不同的是，亚里士多德在强调"善治"的同时，也特别强调了"良法"的重要性。它构成了法治的逻辑起点，即只有依靠"良法"才能实现"善治"，换言之，才能得到人们的自觉和普遍的服从，最终实现法治。而亚里士多德所谓的良法，最根本之处就是要体现正义，因为"城邦以正义为原则。由正义衍生的礼法，可凭以判断'人间的'是非曲直，正义恰正是树立社会秩序的基础"[1]。这也表明，是良法所具有的道德正当性，才可能导致善治的结果。由此可以看出，古希腊先哲对于法治的论述，实际上都不单单是着眼于法律或者法治本身，其更为高远的目标是要通过"良法善治"促进城邦的和谐与德性、正义与善。因此，法律以及法治都必须要接受外在的伦理道德层面的支持与制约。有学者指出，这种观念"从而使法治观具有一种超越法律的特殊性而成为更高层次的理想观念的品格。仅仅在法律层面而不深入道德理想层，不探讨法律的价值基础和价值根源，无以最终确立法治观"[2]。

在关于法治的最早论述中，古希腊哲学家就已经指出了法治秩序与法律意识之间的内在关联。实际上，任何一种现实的社会秩序，都要依赖于社会成员对于它的普遍性认可，以及在此认可基础上的自觉遵守。当然，其成员认可它的具体理据，可能是基于工具主义的利害计算，也可能是基于规范主义的道德自觉，抑或兼而有之。但无疑地，单纯依赖于国家强制力量，是无法建立并维护任何一种社会秩序的，因为一旦抽离了秩序的道德基础，它就必然无法获得其成员的自觉认可与尊重，因此，它的强制推行就必然面临着难以预计的社会成本。所以，对于具体社会秩序或者说社会治理方式及其正当性信仰的研究，就是一项非常有意义的工作。正是借助

---

〔1〕［古希腊］亚里士多德：《政治学》，吴寿彭译，商务印书馆1965年版，第9页。

〔2〕王人博、程燎原：《法治论》，广西师范大学出版社2014年版，第14页。

于比较研究，我们才可以获得对于法治与法律意识的更为深入的理解。

二、不同的治理方式及其正当性信仰

（一）卡理斯玛型治理及其正当性信仰

对于人类历史上曾经历过的治理方式，韦伯在他的社会学研究中有极为精当的归纳与阐述。[1] 因为具体的治理方式与秩序状态可能是千差万别的，所以，韦伯借助其独具特色的社会科学方法论，在历史经验的基础上，建构出三种不同的“理念型”（ideal type），[2] 即“卡理斯玛型支配”、“传统型支配”与“法制型支配”。[3] 针对不同的社会治理方式，或者说“支配”，韦伯强调，如果它是一种客观的社会现象，那必定是获得了社会成员的认可的，因为“每一种真正的支配形式都包含着最起码的自愿服从之成分”[4]。而这里所谓的自愿服从，在韦伯看来，就是建立在人们对于支配之“正当性”的信仰之上。正如他指出的，作为支配的基础，“单靠习惯、个人利害、纯感情或理想等动机来结合仍不够坚实。除这些之外，通常还需要另一

---

〔1〕 这里需要强调的是，韦伯在他的社会学研究作品中，并没有使用“治理”这个词，他所使用的术语是“支配”或者“权威”（根据不同的译法）。但在实质上，并没有区别。例如，他的“法制型支配”或者说“法理权威”，实际上也就是“法治”。

〔2〕 “理念型”是韦伯在其社会科学研究中所采用的一种方法，他认为社会现象是千差万别的，所以为了使研究变得可能，就必须在经验现象的基础之上，把握其实质从而建构出具体的“理念型”，然后才可以进行研究。“理念型”在我国学界通常译作“理想类型”，但根据韦伯的方法论，“理念型”应该更符合他的本意，它表明了其与纯粹的经验现象之间的区别。此外，“理想类型”中的“理想”在中文语境中含有某种“可欲”（desirable）的意味，这也与韦伯所极力主张的“价值中立”的学术立场相悖。参见［德］马克斯·韦伯：《社会科学方法论》，韩水法、莫茜译，中央编译出版社 2005 年版，第 1－61 页。

〔3〕 参见［德］马克斯·韦伯：《经济与历史 支配的类型》，康乐等译，广西师范大学出版社 2004 年版，第 303 页。

〔4〕 ［德］马克斯·韦伯：《经济与历史 支配的类型》，康乐等译，广西师范大学出版社 2004 年版，第 298 页。

个因素,那就是正当性的信念"[1]。换言之,支配必须要获得社会成员在心理与观念上的普遍支持,即人们认为对他的支配是可接受的,而且有志愿服从的意义存在。只有确立了这种正当性,社会治理或者说支配才能够顺利实现。从历史经验来看,正如没有哪种治理方式完全是建立在暴力威慑之上,也没有哪种治理方式会将其基础仅仅建立在物质利益、情感认同或者理想追求之上。所以,每一种治理或者支配都必须要开发出与其相应的"正当性"来。

卡理斯玛型支配的正当性基础建立在人们"对个人及他所启示或制定的道德规范或社会秩序之超凡、神圣性、英雄气概或非凡特质的献身和效忠"之上。[2] 尽管卡理斯玛是韦伯建构的一个"理念型",但是我们仍然可以很容易地找出它在经验世界中的对应物,那就是以其超凡的个人魅力而获得人们狂热的欢呼与赞同、跟从和信仰的各种领袖人物。他能够凭借其个人魅力而聚拢起规模不同的社会群体或者政治组织,并以其号令来治理或者说"支配"这个组织,他的号令也就是律法。组织成员之所以自愿接受他的治理或支配,完全是基于"非理性"的信仰,即他们愿意承认并忠诚于领袖个人的统治。卡理斯玛型支配尽管是理性之外的事物,但它却并不是虚构的东西,古今中外的人类历史上并不缺少这样的实例。当然,因为人们对这种治理方式的正当性信仰完全是非理性的,所以它更多地表现在初民社会当中。[3] 由于初民社会在知识以及经验上的固有欠缺,所以那些先知、通灵者、战斗英雄、狩猎头领,以及懂得医术或者律法的人,就极容易成为卡理斯玛,而社群中的其他人则成为他的自觉皈依者。"人民将承认卡理斯玛的真实性及听从其召命

〔1〕 [德]马克斯·韦伯:《经济与历史 支配的类型》,康乐等译,广西师范大学出版社2004年版,第299页。

〔2〕 参见[德]马克斯·韦伯:《经济与历史 支配的类型》,康乐等译,广西师范大学出版社2004年版,第303页。

〔3〕 参见[美]克利福德·格尔茨:《地方知识》,杨德睿译,商务印书馆2016年版,第192－231页。

(Berufung)而行动,当成是自己的职责。由心理层面而言,这项‘承认’是个人对拥有这些特质者的完全效忠和献身。它来自狂热、绝望或希望。”[1]但除了初民社会之外,在经历了启蒙运动及其后的理性主义洗礼的近现代社会中,卡理斯玛型支配也不乏其例。[2]个中原因还在于卡理斯玛固有的非理性本质,理性完全无法预期、也无法理解这种支配的产生、延续与消亡。

也正是由于它的非理性本质,所以卡理斯玛型的治理无法常规化,即它无法成为一种恒常的、稳定的治理方式,这也是它的致命缺陷。因为治理得以遂行的基础,即超凡的个人魅力以及英雄气概等等特质,都是无法通过理性的、常规的方式来确立、传递或者继承的。而且即使是卡理斯玛领袖自己,也需要不断地创造奇迹,以证明自己的超凡魅力依然存在,进而继续维持其支配地位。“如果领袖在很长一段时间中无法创造奇迹和成功;如果神或魔性及英雄性的力量似乎抛弃了领袖;最重要的,如果领袖无法继续使跟随者受益,他的卡理斯玛支配很可能因此丧失。”[3]所以从历史经验来看,卡理斯玛型的治理方式也的确普遍地表现出“其兴也勃焉,其亡也忽焉”的困境。也正是基于这一困境,韦伯说卡理斯玛型治理方式必然会向常规性的治理方式转变。换言之,就是它必定会转变为经验性的传统型治理模式,或者最终转变为理性的法制型治理模式。

卡理斯玛型支配其实是典型的“人治”模式,但是它又与柏拉图所提倡的哲人王的“人治”模式之间存在本质的不同。柏拉图所设想的理想国中的哲人王统治,本质上说是知识的统治,因此,尽管也是“人治”,但它却是理性的。因而哲人王的统治,从民众的角度来看是客观的和可预期的。此外,从逻辑上来讲,哲人王的统治也是

---

〔1〕［德］马克斯·韦伯:《经济与历史 支配的类型》,康乐等译,广西师范大学出版社2004年版,第356页。

〔2〕例如,拿破仑与希特勒的统治当中,就具有很多“卡理斯玛”的特征。

〔3〕［德］马克斯·韦伯:《经济与历史 支配的类型》,康乐等译,广西师范大学出版社2004年版,第356页。

可以持续的，因为统治所依赖的知识是可以习得且可以传授的。在这一点上，它与卡理斯玛的统治完全不同。此外，哲人王统治完全是柏拉图在理念上构设的"理想国"中的治理模式，它本身并没有获得经验上的验证。相应地，它的"正当性"也完全是理念上的，是柏拉图基于"知识就是力量"的自上而下的赋予。既然说它与希腊城邦的政制以及信念相悖，那也就说明了它在经验上是无法获得城邦公民的认可的。换言之，它无法真正获得自下而上的"正当性"信仰。

但卡理斯玛型治理却与之不同，尽管它也是韦伯所建构的一个"理念型"，但它却可以得到经验的验证。对于它的"正当性"信仰也是客观真实的，而且是实实在在的来源于"被支配者"的普遍信仰。之所以作如上的讨论，首先，是想进一步强调法律意识的重要性。作为人们的行为观念，它可以赋予社会行为以及由其所建构的社会秩序以正当性，正是基于这一正当性，社会秩序得以建立并维持。其次，则是想说明法律意识产生的复杂性。它的具体产生条件极为复杂，通过理性的方式，未必会产生它所追求的法律意识；反之，以非理性的方式，也未必就不会产生其所追求的法律意识。它的产生与否，与社会形态或者说具体社会形态下人群的理性、情感、认知偏好等因素存在密切关联。这一点，是我们在分析和处理法律意识问题当中，需要特别关注的。

（二）传统型治理及其正当性信仰

传统型支配的正当性基础建立在人们"确信渊源悠久的传统之神圣性及根据传统行使支配者的正当性"之上。[1] 传统型治理是人类历史上普遍采用过的治理方式，因为它与人类社会需要应对的各种自然关系与社会关系，如地缘、部落、血缘、种族、职业等最为接近。它是人们为了适应这些环境，而逐渐发展出来的治理技术与支

〔1〕 参见［德］马克斯·韦伯：《经济与历史 支配的类型》，康乐等译，广西师范大学出版社2004年版，第303页。

配方式。在韦伯的研究中，所谓的传统型支配主要是指封建社会中各种制度安排，如封建家族中的家长制就是一个典型的例证。在家族内部，家长具有绝对的权威，这种权威来源于历史悠久且规定明确的继承规则，而家族成员则基于对继承规则的认可，而承认并尊重家长的权威。家长的权力与其他家族成员的义务一起，构成了家族内部的秩序状态，而且这种社会秩序拥有传统上的神圣性。由此可以看出，所谓传统，应当是“古已有之”，且一直为人们所信守和坚持的行为习惯。

而行为习惯之所以会形成，并一直延续下来进而形成某种确定的传统，并且还被人们认为是“正当的”，通常是因为它能够解决人们在生活中所遇到的实际问题。当然，这种解决问题的方式，并不一定能够经得起理性的拷问，但它却会在经验上被人们所认可，并自愿听命行事。换言之，也就是接受传统的支配与约束。在封建社会里，传统型治理会体现在几乎所有的社会领域，它大大简化了行为选择的难度，并使得行为及其结果有章可循，这也是它相较于卡里斯玛型治理的最大优点。

在古今中外的历史上，我们也可以看到传统型治理的无数例证。例如在政治领域，传统中国的封建王朝在皇位继承上实行的“嫡长子继承制”即为一例。这一传统不但可以大大简化皇位继承的顺位问题，而更重要的则是起到了稳定王朝政治统治的作用。这一点，在传统中国封建王朝的皇帝由于实行多偶制进而造成多子的情形下，就显得尤其重要。尽管作为一项重要的政治传统，它不一定是理性的，如“嫡长子”或许并不是诸多皇子中最有德行也最有治理才华的那一个，但它依然成了传统，原因就在于它满足了人们对于传统的“功能性”需求，即它能解决实际的皇位继承问题。再如在法律领域，欧洲中世纪曾经长期保持着“神明裁判”的法律传统，而且还逐渐发展成为一种在形式与内容上都极为复杂的裁判体系。仅从形式上看，就包括水审、火审、抽签神判、苦水神判、圣餐神判、十字架神判等,而司法决斗的裁判形式甚至一直延续到了近代。[1] 几乎所有的神明裁判形式,都是在常规的司法审判程序无法裁断案件,包括无法查明案件事实或者无法适用法律的情况之下,用来处理"疑难案件"的一种裁判方法。同样地,这种古老的司法传统也完全经不起理性的检验,因为"神明"的裁判也很有可能是错的。但是,作为一种重要的裁判方式,它的正当性却为当时的人们所普遍接受。即使是受冤的一方也会坦然接受裁判结果,他会认为这是天意,是"神明"的惩罚,却并不会去挑战裁判的正确性与正当性。正是在此,其更重要的社会功能就体现了出来,即在处理"疑难案件"中,它的确能履行其司法职能解决争议,而这恰恰是理性的正常的司法程序所无法做到的。当然,传统型的治理更多地表现在经济社会领域里,因为人们在该领域的交往更频繁也更复杂,作为规范经济社会行为的习惯也会更多地发展出来,因此也更容易形成相应的行为传统。而其表现形式也更为多样,如风俗、习惯、行规、俗例、乡规民约以及习惯法等。[2]

与卡理斯玛型不同,传统型治理或者支配一经形成,其稳定性与可预期性的优点即显示了出来。治理方式既然是稳定的,与其对应的观念也就是稳定的,"历代相传"的传统的确可以形成强而有力的心理压力,使得人们接受它的合理性与正当性。同时,传统型治理及其正当性信仰,也会进一步固化其治理的效果。因为对于敢于违反传统的人来说,是存在非常大的风险和社会成本的,所以人们基于对切身利害关系的考虑,通常也会选择维护传统。但由此导致的另一个结果就是,一旦遇到传统需要转型的时候,与其对应的各种观念,其中当然也包括了法律意识,就会面临非常大的困难,进而形成转型的强大阻力。

---

〔1〕 参见[英]罗伯特·巴特莱特:《中世纪神判》,徐昕等译,浙江人民出版社2007年版,第17-48页。

〔2〕 参见梁治平:《清代习惯法》,广西师范大学出版社2015年版,第68-127页。

（三）法制型治理及其正当性信仰

法制型支配的正当性基础则是建立在人们“确信法令、规章必须合于法律，以及行使支配者在这些法律规定之下有发号施令之权利”之上。[1] 与卡理斯玛型支配依赖于领袖个人的非理性的超凡特质、传统型支配依赖于在长久的社会交往和博弈中形成的各种传统不同，法制型支配依赖于非个人化的、理性的法律制度。而与其对应的“正当性”信仰，就是人们甘于服从法律支配的信仰，换言之，就是守法意识。

之所以说法制型治理是理性的，主要的原因在于，一方面，治理的规则是理性的。法制型治理是依据法律所实施的治理，这正是形式法治的本质特征。而法律则是由立法机关依照理性的程序制定出来的“理性的法律”。根据韦伯的界定，这里所谓理性的法律，就是指立法机关制定的逻辑严密、体系完整的法典，它对人们的行为方式及其法律效果，包括权利的获得、义务的履行以及责任的承担等，都已事先作出了明确且周延的规定。其具体要求包括：首先，理性的法律必须是由规则或者原则支配的；其次，理性的法律必须是具有体系化特征的；再次，理性的法律必须是建立在对规则之含义的抽象解释的基础之上的；最后，理性的法律必须是由人类的理智所控制的。[2] 基于如上规定，可以看出韦伯所指的理性的法律，实际上是以表征着“潘德克顿体系”的《德国民法典》为其模型的。其最主要的特点就是抽象、精准且体系完整，借此可以最大限度地实现法律对社会生活的规制，以落实法制的支配。另一方面，治理的过程也是理性的。法制型治理是由专门的机构与专业的人员负责实施的，根据韦伯的观点，“法制型支配的最纯粹的执行方式，是通

---

〔1〕［德］马克斯·韦伯：《经济与历史 支配的类型》，康乐等译，广西师范大学出版社 2004 年版，第 303 页。

〔2〕 See Anthony T. Kronman, *Max Weber*, London: Edward Arnold (Publishers) Ltd., 1983: 73 – 75.

过一个官僚制的管理干部"[1]。这种专业化司法人员的职业伦理,就是只根据有效的法律处理案件,并能够在案件处理过程中坚守理性中立的法律程序,以最大限度地排除法律之外的爱、憎等一切的非理性因素,从而保障裁判结果的确定性与可预期性。

正是基于法制型支配的如上理性特征,从治理效果上看,它就明显优于卡里斯玛型与传统型治理。前已述及,卡理斯玛型是非理性、不稳定的一种治理方式,其根本无法建构起一种确定的秩序状态。而传统型支配的弊端则主要表现在以下两个方面,其一,传统的形成需要长时间的社会交往与博弈,因此,相较于法制型支配所依赖的理性的法律亦即"制定法",其滞后性更为突出,这也就导致它基本无法适应"快节奏"的现代社会。其二,传统中所必然包含的那些非理性成分,也导致它无法适应业已为理性所"除魅"了的现代社会。所以有论者就指出,"传统型和卡理斯玛型都是比较前现代的支配形式,法制型则是西方现代性在政治方面的呈现"[2]。因此,韦伯在他的社会学研究里就坚持,只有法制型支配才是适应资本主义发展的治理方式。换言之,也就是说只有法治才可能是现代社会治理的基本方式。它既与非理性的任何超凡特质无关,也与神圣的传统无涉;它既不会毫无征兆地产生或消失,也不依赖于绵延长久的历史沉淀。它是人为的、理性的创设,它也是稳定的、常规的治理模式。

然而分析至此,只是说明了法制型支配,或者说形式法治对于现代社会治理的意义,却并没有解释清楚对于它的"正当性"信仰是如何形成的。换言之,与现代法治相对应的法律意识究竟是如何形成的。韦伯对卡理斯玛型与传统型支配之正当性的分析,在理论上是自洽的,在经验上也完全可以理解。然而对于法制型支配的正当

[1] [德]马克斯·韦伯:《经济与历史 支配的类型》,康乐等译,广西师范大学出版社2004年版,第312页。

[2] 顾忠华:《韦伯学说》,广西师范大学出版社2004年版,第168页。

性，韦伯却是直接给出的，而并没有进一步说明它的形成机制。在他的论述里，实际是将法制型支配的正当性（legitimacy）与合法性（legality）直接等同了起来，即只要法令、规章等是符合法律的，而且具体实施支配的担纲者（bearer）的行为也是符合法律的，那么支配或者治理行为的正当性也就建立起来了。

但明显地，韦伯在此陷入了某种循环论证的泥沼，即对于支配或者治理，正当的就是合法的，而合法的也就是正当的。当然，也有论者坚持，这种循环并不是论证上的失误，而是韦伯故意为之。"因为韦伯在下定义时不考虑国家所追求的目的及其所依据的特殊信念，所以他是作为一个社会学家而不是法学家来论述的。他所关注的是'由于人们可能认为某种规范正当而加以遵奉时，社会上实际发生的事情'，而不是政治社会所要实现的理想，或者说他本人所赞同的法律秩序之规范。"〔1〕这种解释当然有其合理性，基于韦伯"价值中立"的方法论立场，他的社会学研究的主要任务，就是探究诸社会现象之间有着怎样的因果关联，因为只有这种事物之间的因果关联才是"客观的知识"，也才是"学术研究"的目的。〔2〕而人们对于支配方式的正当性信仰，其中必然包含他们的认知与权衡，即他们要按照自己的良知以及所持的世界观在支配所涉及的各种价值（如秩序与自由）之间进行斟酌和选择。而这种价值上的权衡与选择，完全是每个人自己的任务，而不是科学研究力所能及的任务，因为在

〔1〕［美］莱因哈特·本迪克斯：《马克斯·韦伯思想肖像》，刘北成等译，上海人民出版社2002年版，第454页。

〔2〕例如他的名作《新教伦理与资本主义精神》，就旨在研究基督教新教教义中的"预选说"、"天职观"与"资本主义"之间的因果关联。吉登斯曾解读说，韦伯所指的二者间的"因果关联"不是逻辑上的，而是心理上的。对此论断，实则韦伯在他的方法论作品中已有阐述，他明确指出，"人们头脑中的经验—历史的过程总是必须理解为受到心理制约的，而不是受到逻辑制约的"。参见［德］韦伯：《新教伦理与资本主义精神》，康乐、简惠美译，广西师范大学出版社2007年版，第73－146页；［德］马克斯·韦伯：《社会科学方法论》，韩水法、莫茜译，中央编译出版社2005年版，第46页；［英］安东尼·吉登斯：《资本主义与现代社会理论》，郭忠华、潘华凌译，上海译文出版社2007年版，第148页。

价值判断与选择的问题上,科学是无能为力的。

所以就社会治理或者支配而言,韦伯研究的目的,就是分析不同的支配类型与其正当性信仰之间具有怎样的因果关联。更进一步,对于法制型支配或法治而言,也就是探究法治与法律意识之间究竟存在怎样的关联。在他的研究中,法治与法律意识都是作为客观的社会现象而“预先给定的”,因此,他无意于分析法治或者法律意识各自是如何产生的。

(四)对治理方式及其正当性的反思

作为一项关于法治与法律意识的“法学研究”,而不是韦伯意义上的社会学研究,我们还是应当在韦伯研究的基础上做进一步的推进。换言之,有必要探究法治的正当性信仰,亦即法律意识是如何建立起来的。严格地从“理念型”的角度来说,既然法制型支配区别于卡理斯玛型,那它的正当性就不可能建立在任何非理性的效忠、献身等基础之上;相反,它必须得建立在某种理性的基础上。此外,既然法制型支配区别于传统型,那它的正当性也就不可能建立在任何古已有之的经验的事物之上;相反,它必须要建立在某种当下的理性的事物之上。

在后面的论述里,本书将尝试着从法治的外在结构与内在品质两方面,来阐述其正当性,或者说法律意识的相关形成机制。此外,这里还需特别指出的一点是,我们是借助于韦伯所建构的三种关于支配的“理念型”,来比较分析不同的社会治理方式与相应的社会观念之间的关系的。“理念型”尽管来源于经验事实,但它作为一个“纯粹的类型”,却绝不是事实本身。理念型在本质上是方法论上的一种理论建构,它是作为研究的手段而非目的,才被人为地建构起来的。

根据韦伯的观点,“理念型的发展结构与历史是有严格区别的两种东西,而结构在这里仅仅是一种手段,它能够从我们现有的知识出发有计划且有效地把历史事件归源于它的实在原因”。[1] 从某种意义上说,经验事实在韦伯的研究当中仅仅是理论阐释的仆人,他借助于各种理念型,从发生学上来把握历史个体或者其个别成分与其他的历史个体之间的关联。所以,理念型只是一个思想的图像,“它不是历史实在或根本不是‘本来的’实在,它也几乎不是作为实在应该当作样本而被分门别类地归在其中的图式而起作用的,相反,它具有纯粹理想的界限概念的意义,为了阐明实在的经验内容中某些有意义的成分,实在要用这种界限概念来衡量,并与之进行比较”[2]。因此,结合他的研究来看,这些理念型只因为它们是人为建构的清晰的概念,所以特别有利于对经验事实的研究和分析,但这些概念架构却并不足以涵盖具体的经验事实。

例如,关于支配的三个理念型,韦伯也强调,它们“通常并不是以‘纯粹’的形式出现在历史中”[3]。换言之,尽管我们分析过“卡理斯玛型支配”主要是初民社会的治理模式,“传统型支配”主要是封建社会的治理模式,而“法制型支配”则是资本主义以及现代社会的治理模式,但在真实的历史过程当中,各种治理方式很可能是“混合”的。之所以会出现混合的状态,最重要的原因是历史本身是一个连续的过程,社会治理方式就会体现出相应的连续性,特别是对于常规性的“传统型”与“法制型”两种治理模式,体现得更为明显。

例如,在现代社会当中,基于其本质上具有的多元化特征,治理方式也就相应是多元化的,法治并不是现代社会中唯一的治理方式。而在多元化治理结构中当然就包括了传统型支配,例如通过各

---

〔1〕 [德]马克斯·韦伯:《社会科学方法论》,韩水法、莫茜译,中央编译出版社2005年版,第51页。

〔2〕 [德]马克斯·韦伯:《社会科学方法论》,韩水法、莫茜译,中央编译出版社2005年版,第43页。

〔3〕 [德]马克斯·韦伯:《经济与历史 支配的类型》,康乐等译,广西师范大学出版社2004年版,第305页。

种习惯、惯例等实行的社会治理。而且在任何领域,只要社会成员之间的交往频繁,时间久了就会形成大致固定的行为习惯,所谓的传统也就渐次形成。此外,长时间实行的法治,也会使法治自身成为一项坚定的传统,由此使现代的法治同时也呈现出传统型治理的某些特点。例如,人们对于法治的正当性信仰,就很可能在原有的正当性基础之上,附加了它(法治)是"古已有之"的情形。现代社会科学研究所揭示的各种"路径依赖"现象,不就说明了历史在强有力地形塑着当下吗?所以韦伯自己也坦承,"在'法制型支配'的例子中,从来就没有纯粹法制的信仰。对法制的信仰的建立及成为习惯,这就意味着它有一部分是传统的。违反传统可能会失败"[1]。而在前现代的封建社会中,尽管主要实行的是传统型治理,但一些重要的、定型化了的传统也很有可能最终经由立法程序而上升为法律。马克思主义法理学已经揭示了,由习惯到习惯法,再由习惯法到成文法,是法律自身形成与进化的一个基本的路径。由此,在传统型之外,也就必然同时存在法制型治理。

而韦伯关于支配及其正当性的所谓理念型分析,在本书看来,其主要的理论洞见就是提醒我们必须要关注不同的治理方式与其正当性观念之间的复杂关联。在现实的社会治理当中,不仅要关注治理所依赖的硬件系统,如法律、传统、习惯等形式的治理规则或制度,也要关注治理所依赖的软件系统,即正当性信仰、法治观念或者说法律意识。这一点,对于多元化的现代社会的治理或许更有意义,既然在现实的社会治理中需要同时借助于常规性的传统型与法制型两种支配方式,那么就必须有效地分别建立起与它们所对应的法律意识来。

---

〔1〕 [德]马克斯·韦伯:《经济与历史 支配的类型》,康乐等译,广西师范大学出版社 2004 年版,第 398 页。

第五章　法治信仰的外在条件

一、解决重大社会问题

（一）化解教权与王权之争

法治作为一种治理方式或者一种秩序状态，它得以实现的一个必要的前提，就是必须要获得其“治”下的社会成员的普遍认同与信仰。质言之，就是人们承认法律的至上性（supremacy of law），并自愿接受法律的支配。必须要有这种法治观念的坚定支持，守法才可能成为一种普遍的社会现象，进而才能真正实现法律之“治”（rule of law）。因为，在法治的两个基本要素“良法”与“善治”当中，“善治”在古希腊的语境下，原本就是指人们对于法律的普遍服从；而在中国的传统语境下，“治”的基本含义也包含着社会秩序的和平、和谐与稳定。

但是也要看到，在法治与法治信仰之间，实际上存在某种循环的结构。换言之，人们对于法治的信仰，也需要得到法治能够带来的社会效果的支持。正如蔡枢衡先生曾指出的，“法治实现了，可以产生这种社会秩序；有了这种社会秩序，法治精神才能稳定和维持。至于奉公守法的良好政风，一面是法治的原因，同时亦是法治的结果"[1]。我们承认,法治毕竟是一项世俗的和常规性的事业,它是依赖于人们的实践理性而不是某种超验的神性,来规制各种社会生活以及相互关系的制度安排。这也就意味着,人们对于法治的信仰几乎不可能建立在任何蒙昧主义的内容或者形式之上,如上文曾提及的"卡理斯玛"。而且,经过理性、知识和科学启蒙过了的现代社会,也的确在很大程度上已经"除魅"了。在韦伯看来,对于除魅了的现代世界,"其命运便是,那些终极的、最高贵的价值,已从公共生活中销声匿迹,它们或者遁入神秘的生活的超验领域,或者走进了个人之间直接的私人交往的友爱之中"[2]。在这种整体背景之下,人们对于法治的信仰基础也必须在很大程度上是现代的。换言之,应当是理性的,或者至少是能经得起正常的人类理性拷问的。

法律是一套以权利、义务、责任的规范设置来规范人们日常行为的制度,而法治从形式上来说,就是这套规范体系的实际贯彻。正如学者指出的,"法治就是自然权利、法定权利、主体的现实权利三者依次转化完成的结果"[3]。而要用这套制度来规范人们的行为,还要求必须达到"善治"的实际效果,基本要求之一就是,法治必须能实实在在地解决当下人们所遇到的重要问题,或者说能够理性地提出解决难题的具体措施。舒国滢先生将其定义为"法治能力",亦即法治根据其预设的原则、目标以及具体的要求等,在实现其社会控制功能的过程中所表现出来的各种能力。

在他看来,法治能力的内容包括:"(a)调控能力,指法治对社会关系和社会生活的有效调整和控制能力。(b)应对能力,指法治对快速的社会变化的反应和对重大而复杂的社会问题的处理能力。

[1] 蔡枢衡:《中国法理自觉的发展》,清华大学出版社2005年版,第136页。蔡枢衡先生所提及的"这种社会秩序",是指"紧张、敏捷、严肃而又活泼、各安本分的工业化的社会秩序"。

[2] [德]马克斯·韦伯:《学术与政治》,冯克利译,生活·读书·新知三联书店2005年版,第48页。

[3] 王人博、程燎原:《法治论》,广西师范大学出版社2014年版,第140页。

(c)强制能力,指法治运用强制手段维护其在社会生活中的普遍效力、促使人们一律遵守的能力。(d)正统化能力,指法治通过自身的运行确立其正统地位(legitimacy)和权威、为人民普遍认同有效的能力。"[1]在法治所具有的上述四种能力当中,前三种能力属于法治的工具性能力,即法治在解决社会问题上所展现出的能力。而第四种能力属于法治的规范性能力,即法治的自我正当化的能力,实质上也就是法治意识。尽管它不属于工具性能力,但却意义重大,它可以为前三种法治能力的发挥提供观念、心理、精神以及意识形态上的支持,当然,它同时也在很大程度上受前三种法治能力实际效果的制约。社会成员所信仰的法治越是能够有效地解决他们在生活中所遇到的重要社会问题,人们就越会坚信它;反之,如果法治无法回应社会成员的需求,包括无法调控或者应对他们所遇到的疑难社会问题,或者无法提出调控或者应对问题的合理方案,[2]那么他们的法治意识就会淡化削弱。而法治意识的削弱,则反过来又会影响到法治其他三种能力的发挥。

当然,对于究竟什么才是需要法治来解决的重要社会问题,实际上很难在理论上预先给出内容明确且逻辑周延的界定。因为法治在客观上所能解决的问题,或者在某个特定的社会历史条件下人们主观上希望法治来解决的问题,都可能存在非常大的差别。例如,在当下的中国,作为世界最大的发展中国家,我们要通过法治来解决的,主要还是稳定与发展的问题。尽管随着各种主客观情势的变化,稳定与发展的具体内涵以及形式等在不同的社会阶段也会有所不同。然而在发达国家,其法治所要应对的重要社会问题,可能就是平等与自由的问题。同样,在不同的社会发展阶段,其平等与自由问题的表现领域也会有所不同,如可能是侧重于政治层面的、经

[1] 舒国滢:《在法律的边缘》,中国法制出版社2000年版,第162页。

[2] 在某些情况下,从表面现象上看是法治没有能够解决实际的问题,但根本的原因是根本没有建立起法治。换言之,其实法治所提出的解决问题的方案仍然是有效的。因此在这种情况下,恰恰是要建立法治,而不是否定法治。

济层面的、社会层面的，甚至是性别层面的等。而本书在此，主要是根据人们对于法治大致存在普遍共识的三个具体侧面入手，对法治的工具性价值或者说法治能力进行梳理，此即化解重大社会冲突、制约国家权力以及保障个人权利。

法治思想尽管滥觞于古希腊，古希腊哲学家从理论上最先型构了法治的基本内涵及轮廓，但是对于法治的实践，古希腊却建树不多。古希腊实行的是城邦制，而当时的所谓城邦基本上就是一种"小国寡民"的状态，与现代国家相比较，古希腊城邦(city - state)无论从面积上看还是从人口规模上看其实都非常小，大体上就是由一个单一的城市，再加上由其统治的城市周围的其他小块领土所构成。此外，在城邦的居民当中，享有政治地位与法律权利的公民也只占人口的少数，另外两个阶层分别是毫无政治地位的奴隶，以及尽管是自由人但却不得参与城邦政治的外邦人。[1] 城邦的规模小，城邦的治理相对就要简单，对于法治的实际需求也就会弱很多。加之城邦的政治体制也相当复杂，既包括了由一个人来统治的君主制或僭主制，也包括了由少数人负责统治的贵族制或寡头制，还包括了由多数人实行统治的民主制政体等。不同的城邦政体，自然也造成了对于法治的认知以及需求的巨大差异。所以，在柏拉图的《法律篇》和亚里士多德的《政治学》当中，都不约而同地主张所谓的"混合制"政体。因为在他们看来，只有这种混合制政体才是适合于法治的政治土壤。当然，这种主张只停留在了哲学家的理念上，并未成为城邦治理的现实。

在城邦政治中，对于法治最不利的影响因素，就是各城邦对其公民身份的固执坚持。这种坚持在实际上造成了古希腊人的排他主义或者说特殊主义，由此也就导致法律或者法治仅仅是城邦政治中的内部事务。换言之，法治不但无法为城邦的扩大与联合提供任何

---

〔1〕 参见[美]乔治·萨拜因:《政治学说史》(上)，邓正来译，上海人民出版社2008年版，第31－32页。

有效的支持,反而抵制城邦的扩大或联合,因为各城邦都不愿承认外邦公民的身份,更不愿意将本邦公民资格授予外邦人。除此之外,在古希腊的城邦中,尽管也有确定的立法机构如“公民大会”,有司法机构如“公民陪审团”等,但这些机构的实际运作贯彻的都是“民主化”原则,而非“法治化”原则。因此,城邦的治理就既没有走向法治化,更没有发展出法治化治理的担纲者,即职业法律家阶层(professional legal caste)。因此,沃特金斯就曾评论说,“如果要在理论与实际上都做到法治,需要在立法与司法上都具备高度技巧。由于无法创造专业训练机会,使人们习得这种技巧,希腊城邦遂无法实现它‘法律下的自由’之理想”〔1〕。因此,古希腊的城邦无可避免地走向了衰落,它无法以法治的方式联合起诸城邦,以共同抵御其周围由实力强大的蛮族国家所形成的政治与军事压力,而短暂地以强权形式构成的城邦联合又招致了普遍的不满和叛乱,所以,古希腊先后为波斯帝国和罗马所统治。

古希腊的这种命运表明,法治既没有在解决内在的城邦当中的治理问题上发挥作用,从而使得城邦政治走向理性化与专业化;也没有在解决外在的城邦之间的联合问题上产生效果,从而使得城邦变得团结强大,以有效抵御蛮族的入侵威胁。最终,高贵的法治理想,在古希腊仅仅获得了诸如柏拉图与亚里士多德等极少数哲人们的青睐,却没有获得诸城邦及其公民的认可。

法治能够解决重大社会问题,继而确立起法治信仰、法律意识的典型事件是著名法律史学家伯尔曼所论及的“教皇革命”,即教皇格列高利七世改革(Gregorian Reform)。伯尔曼坚持认为,经历了此次法律革命,西方法律传统才得以形成,以及更重要的,法治意识与法律至上的权威才得以在西方社会中真正扎下根来。

所谓的教皇革命,其直接的导火线是“授职权”之争,而其主要

---

〔1〕 [美]弗雷德里克·沃特金斯:《西方政治传统》,李丰斌译,新星出版社2006年版,第12页。

的政治背景，则是起源于欧洲中世纪早期的“双剑论”（the doctrine of the two swords）政治理论。双剑论是教会思想家早在教父时代提出来的一套宗教与政治理论，根据这一理论，人类必得同时过着两种生活，一种是属灵的精神生活，另一种则是现世的世俗生活。两种生活各有其不同的价值与要求，精神生活是为了灵魂的永恒得救，世俗生活则是为了肉体的和平安宁。这两种生活与两类价值都需要加以捍卫，所以就必须对人类社会施加精神与社会的双重组织与控制，换言之，就是由教会的教权与王室的王权实施的双重控制。前者是教会与教士负责的领域，后者则是世俗政府所负责的领域，神圣与世俗两个政府各有其立法结构、法律制度与行政机构、司法机构，也各有其管辖的范围与权力。双方都应当以神法和自然法为依据行使各自的权力，而且任何一种权力如果要行使原本属于另一种权力的权威，都绝对是不正当的。由此，中世纪的人们就进入了一个由两个政府和两套法律共同支配的单一社会状态，而教会也就把基督徒置于双重政府和双重法律的保护与监管之下。

仅从双剑论的表述上看，这种分权的主张对于教会和世俗王权在管辖范围、权力分配上的二元划分与界定是比较清楚的，即所谓上帝的归上帝，恺撒的归恺撒。但实际上，双剑论却导致了神圣与世俗权威之间的尖锐对立与冲突。原因就在于欧洲中世纪的基督教信仰是一种普适的社会现象，因此世俗的国王同时也是信教者，而且依据当时的基督教教义，国王并不是普通的信教者，他们还被教会授予了象征着主教权威的权杖与权戒等神圣信物。这样一来，如果从世俗国王的角度来看，所谓的双剑——精神之剑与世俗之剑就当然地同时放到了他一个人的手里。此外，对于掌握着精神之剑的教会与教士，也同样有向王国的世俗领域扩张其教权的可能冲动。由此即出现了如下现象，世俗的国王作为“基督的代理人”，可以挥动本不应属于他的“精神之剑”行使其任命主教的权力，而且他行使这种权力也会获得某些教士的支持；而主教们则挥动原本不应属于教会的“世俗之剑”干涉国王的管辖权限，而且教会行使这种权力同样也会获得某些世俗贵族的支持。这样,基于双剑论而产生的两个政治权威,在中世纪的现实社会当中就面临着爆发非常大的权力冲突的可能性。

而伯尔曼所提及的"教皇革命",正是这一冲突的具体表现。公元11世纪70年代,时任教皇格列高利七世采取果断行动反击世俗国王双剑合一的政治现实,企图重新回归教父时代的双剑论传统,并重新确立教会在精神领域的权威。他宣称:教皇在法律上凌驾于所有基督徒之上;僧侣受教皇统治,但其在法律上凌驾于所有世俗权威之上。他说,教皇可以废黜皇帝——并且着手废黜皇帝亨利四世。另外,格列高利宣布所有的主教应由教皇指派,并最终应服从于他,而不是世俗权威。[1] 这就引发了中世纪非常著名的教会与世俗国王之间的"授职权"之战,而双方对立冲突的焦点,就是世俗的国王是否有权授予教会的圣职。

中世纪爆发的这场宗教与世俗两大政治与社会权威之间的剧烈冲突,尽管期间也的确上演过教皇废黜世俗国王,世俗国王废黜教皇的戏码,甚至还发生过国王带领军队攻占罗马、教皇借助盟军赶走国王、后继的国王再度攻入罗马并俘获教皇的桥段。但双方对于引起这场冲突的直接原因——究竟是教会还是国王拥有"授职权",却完全没有诉诸武力来解决的主观意图。因为双方都承认双剑论是他们共同的权威基础,因此,无论对于教权还是王权,任何一种权力的行使,都必须要依赖于另一种权力的支持与帮助。所以,教皇未曾鼓动基督徒发动战争来夺回原本应属教会的这一权力,世俗国王也没有动用军队来回击教皇主动发起的挑战,从而继续保持这一权力。相反,他们双方都试图从作为解决纠纷之权威性制度设置的法律——神法与自然法——那里寻找支持各自主张的有力证据。伯尔曼也指出,"在11世纪最后几十年里,教皇党开始在教会史的记

---

〔1〕 参见[美]哈罗德·J. 伯尔曼:《法律与革命:西方法律传统的形成》,高鸿钧等译,法律出版社2008年版,第90页。

载中寻找法律根据，以支持这样一种主张，即教皇高于全体僧侣以及僧侣独立于，而且还可能高于社会的整个世俗部分。教皇党鼓励学者发展一门能为一些重要政策的贯彻提供可操作基础的法律科学。但与此同时，皇帝方面也着手查找古老的经典，以支持其反对教皇篡权的事业"〔1〕。

当然，在"授职权"之争中，教会与国王在教会法与自然法中都找到了有利于维护各自权威的法律依据。对此，萨拜因认为："双方所提出的各项主张之所以难以评价，实是因为11世纪所使用的法律概念并不像它们后来因罗马法和教会法的发展而获致的那种精确含义。"〔2〕但无论如何，双方都试图诉诸理性与法律，而不是激情与暴力来解决彼此之间的重大纠纷这一事实是确定无疑的。因而可以说，在神权与王权的此番较量当中，一个或许并不是意外的客观效果就是极大地提高了法律的权威。法律成为了解决如此重大社会冲突的唯一手段，而且法律的至上性也得到了教会与国王双方的一致认可，这正是法治得以实现的必要的观念基础。

当然，由教皇革命而引起的这场授职权之争，最后的处理结果是以双方的妥协而收场的，但这正体现出通过法律解决争议的一贯特点，因为这是争议双方在依照法律坚持其基本权利以及权力的基础上，经过理性的协商进而和平地达成一致意见的过程。所谓的妥协，综合法律与现实来看，的确是对双方都有利的结果。因此，"教皇革命以新与旧的妥协而告终。如果暴力是助产士，那么法律就是最终使小孩成熟的老师……对于暴力我们所能说的是，它通过欧洲经历的内战，产生了双方的妥协意愿。平衡最终是由法

〔1〕［美］哈罗德·J. 伯尔曼：《法律与革命：西方法律传统的形成》，高鸿钧等译，法律出版社2008年版，第91页。

〔2〕［美］乔治·萨拜因：《政治学说史》（上），邓正来译，上海人民出版社2008年版，第284页。

律确立的”[1]。

伯尔曼坚持认为，正是经由这场教皇革命，才产生了西方的法律传统。因为在革命过程中以及革命结束之后，教会与世俗王国双方都极为重视各自法律体系的理性化建构，由此，由古希腊发展出来的“经院主义方法”——分析与综合——在教会法与世俗法的体系化完善上发挥出重要的作用，它大大提升了法律的品质。同时，法学教育也日益得到重视，随之就是职业法律家阶层的出现与不断壮大，进而使得法学真正成为科学。而所有这些因素，都是西方法律传统得以形成的重要基础。

就法治来看，经由教皇革命，它所追求的主要目标中的两个，即依法而治(rule by law)和法的统治(rule of law)都逐渐确立了起来。换言之，无论是宗教的还是世俗的统治者，他们都必须要依照理性的法律来证成其主张进而推行其政策，而且作为统治者，其自身也必须接受他们用以统治社会的法律制度的约束。尽管对于当时的西方社会来说，这种理念的确是相当新的东西，但已逐渐成为普遍接受的共识。而且，这种信念也并不仅仅体现在神权与王权两种最高政治权威二元并立的关系当中，它在世俗王国的内部也确立了起来。因为在王国内部，同样也存在世俗权威的多元性，诸如王室、封建贵族以及城市自治体等，它们之间也可能存在彼此对立的主张。而所有这些紧张关系，都必须要通过“法治”的方式来和平解决，如在城市自治中，就是通过法律行为而向王室或者贵族取得有关自治的“令状”，这就是典型的例子。

(二)化解国王与贵族之争

中世纪欧洲属于典型的封建社会，在政治与经济等领域的封建关系中，则更凸显了基于封建契约而产生的“权利意识”与“法治意识”。伯尔曼就曾指出，“对法律至上的信念与在封建等级中上级与

[1] [美]哈罗德·J.伯尔曼:《法律与革命:西方法律传统的形成》,高鸿钧等译,法律出版社2008年版,第102页。

下级之间的相互义务密切联系……封臣‘反抗’他的领主的权利和农民基于庄园习惯而享有的权利，在发展出可用以对抗专制权力的法律意识过程中是重要的因素”[1]。欧洲的封建社会，主要是基于土地的分封关系而形成的一种契约型社会。就法律原则而论，封建制度本质上是一种土地占有制度。当然在中世纪，封建契约并不仅仅关涉民事权利与义务的分配，它更涉及作为唯一土地所有者的国王与受封的贵族在政治权力与相应责任上的安排。欧洲中世纪的世俗王国，就是建立在这种封建契约之上的，也可以说，封建契约构成了世俗王国的宪制基础。国王将其领地分封给贵族占有、使用和管理，而受封的贵族则向国王宣誓效忠并按照约定缴纳税赋。同时还承诺，在国王发动战争时要自备武装组织一定规模的军队支持国王。这种封建兵役制，是中世纪贵族与国王之间的封建契约中所约定的最为典型的报偿形式。国王在将其领地授予贵族的同时，也授予他在其受封领地上的司法权，而且贵族行使司法权不受国王及其官员的干涉。当然，受封的大贵族还会与下一级贵族签订同类内容的封建契约，直至小地主与佃农签订契约为止。

因此，所谓的封建社会，就是由一层层的封建契约所组织起来的社会形式。依据契约规定和契约伦理，双方都应按照事先的约定履行其承诺的义务，任何一方未经协商一致不得改动契约的内容。例如，贵族对国王所承担的兵役数量和类型是固定的，未经协商一致，其义务不能超出这个约定好的限度；而国王对贵族所允诺提供的帮助与保护职责也是确定的，未经协商一致，国王也不得擅自更改。萨拜因就指出，“在这种封建安排中，有着相互性的一面、自愿行动的一面以及几乎完全从现代政治关系中消失的默示契约的一面。这有点像一个公民可以拒绝支付超过特定数量的税金，可以拒绝在超出规定的期限以外服兵役，或者也许在他的自由得到承认之前上

[1] [美]哈罗德·J.伯尔曼：《法律与革命：西方法律传统的形成》，高鸿钧等译，法律出版社2008年版，第526页。

述二者都可以被拒绝那般”[1]。

在中世纪严格的封建等级关系之中彰显法治理念与法治能力的典型事件，就是发生在13世纪初的，封建贵族与国王之间基于封建契约而重塑彼此之间权利与义务关系的《大宪章》(The Magna Carta)。事件的主要起因是英国国王约翰为了筹措针对法国的战争经费以及向教会缴纳的年贡，违背了之前与贵族订立的封建契约以及当时公认的封建惯例，单方面提高贵族的税负以及兵役负担，甚至还擅自剥夺封臣的领地。国王的这种明显的“违约行为”激起了贵族们的普遍反对，他们在战场上拒绝履行对国王承诺的兵役制义务，贵族们从前线撤走军队后占领了伦敦，最后逼迫约翰签订了《大宪章》。

在《大宪章》中，国王重新承诺了其对贵族承担的义务，并确认了国王与其治下的臣民一样同处于法律的支配之下。有学者指出，“任何关于法治之中世纪起源的讨论如果不提到《大宪章》都是不完整的……虽然它独自构成一个历史事件，在法治传统上产生的影响后果回荡不已，但《大宪章》也象征着法治的第三种中世纪根源，是贵族利用法律限制国王权力的尝试”[2]。换言之，《大宪章》的意义在于，在世俗政权之下，英国的封建贵族通过法治的方式成功地实现了他们对于世俗最高权威王权的限制，将王权置于法律、封建契约以及共同认可的惯例的约束之下，[3]由此而促成了人们对于法治的普遍信仰。正如当时的布拉克顿在他的《论英格兰的法律和习惯》一书中所阐明的，“国王不应受制于人民，而应受制于上帝和法

〔1〕［美］乔治·萨拜因：《政治学说史》(上)，邓正来译，上海人民出版社2008年版，第267页。

〔2〕［美］布雷恩·Z.塔玛纳哈：《论法治——历史、政治和理论》，李桂林译，武汉大学出版社2010年版，第32页。

〔3〕契约是一种法律行为，因此遵守契约实际上就是遵守法律；而在中世纪日耳曼习惯法传统中，惯例也就是法律。所以将王权置于法律、封建契约与惯例之下，实际上就是将王权置于法律之下。

律(rex non debet esse sub homine, sed sub Deo et sub lege),因为正是法律成就了国王……国王应给予法律所赋予他的,即统治权;因为法律若不是至高无上的,那么就不会存在国王"[1]。

以上对于"授职权"之争与《大宪章》所作的分析,都旨在表明,法治之所以能够成为当时人们的普遍信仰,一个主要的原因就是它在解决重大社会分歧,包括教权与王权之间的争议,以及国王与贵族之间的争议当中发挥了重要的作用。法治排除了双方通过暴力方式来实现各自主张的途径,由此维系了社会的和平与团结,并彰显了理性、规则以及习惯[2]在解决社会问题上的巨大优势。换言之,法治体现出了其固有的调控能力、应对能力与强制能力,并由此而形塑了法治的正统化能力,提升了社会成员对于法治的信仰。

二、确立权力制约机制

(一)古典时代的权力制约理论

自从人类走出自然状态,组成了政治国家进入文明社会之后,公权力(power)就成为国家与社会治理当中一个必不可少的重要因素,治理的几乎所有方面,都涉及公权力的运用。即使所谓的社会自治,其实也涉及公权力的"审慎"行使,换言之,也与权力的运作态度与方式密切相关,它需要公权力为自治提供必要的制度运作空间。但随之而来的难题也就是,如何才能有效地规范公权力的行使,使之符合人们让渡权力组成国家之初衷。而法治的主要功能之一,就是规范公权力的行使,限制公权力的滥用。所以,法治能否以及如何在这一关键问题上发挥作用,也当然关涉人们对于法治的信仰。

早在古希腊哲学家的著作中,就在讨论如何限制权力的问题了。因为在城邦制下,君主制城邦中合法的君主经常被僭主用暴力推

---

〔1〕 转引自[爱尔兰]J. M. 凯利:《西方法律思想简史》,王笑红译,法律出版社2002年版,第125页。

〔2〕 中世纪欧洲的法律,在罗马法复兴之前,主要形式是日耳曼的习惯法,或者说惯例。

翻,贵族制城邦里贵族也经常被寡头非法取代,而在民主制城邦当中却又无法阻止暴民的统治。所以,对于统治权力的限制一直是城邦政治中面临的一个难解的问题。柏拉图曾主张说,所有的城邦都"不应该服从僭主,而应服从法律的支配",因为"绝对的权力对行使这种权力的人,对他们自己和他们的子孙及其后裔,都不是好的;这种企图无论是以任何方式都是充满灾难的"。[1] 而要实行法治,就需要具备与法治相适应的政体。为了能够限制统治者,特别是防止僭主、寡头或者暴民们掌握公权力,柏拉图以及其后的亚里士多德都主张,城邦应当依据混合式国家原则实行"混合制"政体。大体而言,就是实行君主制与民主制的某种程度与形式的混合。他们都认为在这种政体下,城邦既可以发挥君主制下统治者的政治智慧,同时也能够实现民主制下公民享有的各种自由。换言之,就是能够通过法律所保障的责任和自由来实现城邦治理的和谐与稳定。这种借助于彼此对立的政治力量的混合共存来推动实现政治稳定的主张,在萨拜因看来,就是若干世纪之后,为孟德斯鸠重新发现并更加明确地予以阐述的著名的权力分立(separation of powers)原则的原型。[2] 当然,哲学家们所提出的这个所谓的混合制方案并未成为政治现实,因此,法治并未在实际的城邦治理中起到制约统治权力的作用,而这也是希腊城邦最终走向衰落的重要原因。

继希腊之后的罗马,有论者指出,其"对法治传统既有积极贡献也有消极贡献,消极面的影响后果更大"[3]。这里所谓的积极贡献,主要就是指源于古希腊斯多葛派的自然法思想,深刻地影响了罗马时代的法律人、法律思想以及法律制度。罗马虽然可以在政治与军

---

〔1〕 [古希腊]柏拉图:《第七封信札》。转引自范明生:《柏拉图哲学述评》,上海人民出版社 1984 年版,第 423 页。

〔2〕 参见[美]乔治·萨拜因:《政治学说史》(上),邓正来译,上海人民出版社 2008 年版,第 112 页。

〔3〕 [美]布雷恩·Z. 塔玛纳哈:《论法治——历史、政治和理论》,李桂林译,武汉大学出版社 2010 年版,第 13 页。

事上征服希腊,但作为蛮族它必须要在文化与智识上接受希腊的反征服。而希腊对罗马在精神上进行反征服的重要表现,就是斯多葛学派哲学思想对于罗马的受教育阶层,特别是法律人所产生的重要影响。法学家与政治家如西塞罗、塞内加以及马可·奥勒留等,都是斯多葛思想的忠实信徒。而且自然法思想通过罗马的法律人最终作用到了罗马法上,并极大地提高了罗马法的品质,它被人们公认为是成文的自然法。因此,相较于古希腊,古罗马人对于法律的信仰也是非常虔诚笃定的。可以说,如果从建构"良法善治"方面来判断的话,古罗马对于法治的确贡献甚巨。

但是,在法治所承担的制约公权力这一重要功能上,罗马对于西方世界的贡献却是颇为"消极"的。这里所谓的消极,主要就是指在帝制时代的罗马,原来共和时代从未有过的一种政治观念开始发轫并流行,这就是"皇帝高于法律"的观点。随着皇帝专制权威的稳固与不断发展,加之东罗马帝国的皇帝除了具有世俗王权的权威之外,还获得了教权的加持,皇帝同时还是基督教会的主教,所以他实际上是集世俗权威与宗教权威于一身。在此背景下,作为帝国五大法学家之一的乌尔比安在公元3世纪初即提出了"国王不受制于法律"(princeps legibus solutus est)的观点。与他同时代的学者卡西乌解释说,"从这句话的拉丁原文来看,其含义就是皇帝不受法律管辖;也就是说,他们免于承担任何法律义务,不受制于任何成文法和法令"[1]。其后,这种关于法律的权力集中于皇帝一身的观念,也在罗马法当中得到了确认,《学说汇纂》里就有"皇帝的意志具有法律效力"以及"皇帝不受法律的约束"等表述。因为既然是罗马皇帝创造了法律,那么从法理以及逻辑上来说,他自然就是凌驾于法律之上的,换言之,即皇帝的权威是高于法律的。罗马帝国的这种政治观念与法律规定,为整个中世纪专制君主的绝对权力提供了权威性

---

〔1〕 转引自[爱尔兰]J. M. 凯利:《西方法律思想简史》,王笑红译,法律出版社2002年版,第68页。

的支持。它使任何试图通过法治来制约最高公权力的主张都丧失了正当性,因此,从权力制约的角度看,它的确成了法治理想与法治实践的对立物。

当然,古罗马也有在学理上主张权力制衡的,波利比厄斯就是其中著名的一位。他认为罗马之所以相较于古希腊更有力量,是因为罗马在政治实践上即采用了“混合制”政体,[1]而希腊却只停留在了个别哲人的理论上。在罗马的混合政体下,执政官保留了君主政体的优势,元老院体现出贵族整体的优势,而民众大会则又发挥了民主制政体的优势。所以,他认为罗马统治成功的关键,就在于执政官、元老院与民众大会三种政治力量或者说权力之间的相互制约,其背后则是君主制、贵族制与民主制三种政体之间的彼此平衡,由此就防止了任何一种单纯形式的政体所必然面临的自然衰败的趋向。而且在政治实践中,任何一种力量过于强大,这种微妙的平衡局面就可能会被打破,罗马的混合政体也就会随之走向衰败。

萨拜因曾评论说,“波利比厄斯赋予了混合政体以一种制约与平衡制度(a system of checks and balances)的形式,而这种形式就是后来为孟德斯鸠(Montesquieu)和美国宪政的创建者们所接受的那种形式”[2]。当然,尽管波利比厄斯与柏拉图、亚里士多德都是在混合政体下探讨权力制约问题的,但其时代背景已经发生了显著的变化。古罗马无论在共和时代还是在帝制时期,其国家治理的机构以及机制相较于古希腊都要成熟和完善许多。所以,柏拉图与亚里士多德对于权力制约的探讨,还只是停留在混合制政体本身,质言之,他们仅仅是提出了权力制约的一个前提性的制度框架而已。但是在波利比厄斯的阐述中,已经不再停留于抽象的政体本身了,而是

---

〔1〕 从古希腊的柏拉图、亚里士多德,到古罗马的西塞罗、波利比厄斯,再到孟德斯鸠甚至美国制宪中的联邦党人,都坚持某种“混合制”政体,其中最主要的考虑,就是试图有效地限制公权力。

〔2〕 [美]乔治·萨拜因:《政治学说史》(上),邓正来译,上海人民出版社2008年版,第199页。

从具体的国家机关,即行政机关与立法机关之间的权力划分上来试图解决权力制衡的相关问题了。而这一理论进展,则直接而且深远地影响了其后的分权理论。

(二)洛克的权力制约理论

一直到17世纪,随着洛克和孟德斯鸠更加完整地提出了权力制衡理论,并且在这种法治理论被付诸实践之后,才使法治真正体现出其在制约公权力上的巨大价值。洛克认为,人类在进入政治国家之前的自然状态下,自然法已经为其规定出了一整套的权利与义务。因此,即使在自然状态下,人类的生活也表现出互助、和平、善意以及不被侵害的良好状态。他认为,"自然状态有一种人人所应遵守的自然法对它起着支配作用;而理性,也就是自然法,教导着有意遵从理性的全人类:人们既然都是平等和独立的,任何人就不得侵害他人的生命、健康、自由或财产"〔1〕。但尽管如此,由于没有组成政治国家,所以自然状态下的人类社会就既欠缺明确规定的众所周知的法律规则,也缺乏按照既定的法律规则来裁断所有争议的裁判者,更缺乏支持正确裁判的执行者。换言之,就是在自然状态下,欠缺确定的法律规则以及使规则得以产生确定法律效力的组织机制,以此来实现自然法所赋予的权利与自由。既然如此,每个人就必须进行自力救济,也就是每个人都要尽自己最大的努力来保护自己的权利。即使人们可以依靠自力救济,其能够产生普遍效果也仍然需要一个前提,那就是一个组织化机构的保障,唯其如此,人们对自己所享有的权利以及对他人所负担的义务才能够得到完全的实现。由此,组织政府建立国家就是非常必要的了。换言之,在洛克看来,即使人类在自然法上的权利与义务早于而且也高于实在法,但政府与国家也依然是必要的,因为必须要依赖于它才能去组织实现自然法上的各项权利与义务。

---

〔1〕［英］洛克:《政府论》(下),叶启芳、瞿菊农译,商务印书馆1964年版,第6页。

关于政府或者国家的建立,洛克也坚持"契约论"观点,即每个人让渡其自然状态下所享有的权力,交给政治共同体进而组成国家。他提出:"凡是脱离自然状态而联合成为一个共同体的人们,必需被认为他们把联合成共同体这一目的所必需的一切权力都交给这个共同体的大多数……开始组织并实际组成任何政治社会的,不过是一些能够服从大多数而进行结合并组成这种社会的自由人的同意。这样,而且只有这样,才曾或才能创立世界上任何合法的政府。"[1]既然人们让渡权力组成了政府,公权力自然就出现了。尽管在洛克关于政治社会的相关阐述中,也曾明确提到了裁判权问题,但是在他关于国家权力的理论建构中,却只将公权力分为立法权、执行权与对外权三种。这种对公权力的划分,与自孟德斯鸠首先提出,而后在政治实践中得到普遍推行的国家权力划分模式,即立法权、行政权与司法权三分的典型模式非常不同。

当然,在洛克所主张的三种公权力当中,与国家和社会治理关系更为密切的,无疑是立法权和执行权。其中,立法权是国家的最高权力,因为如果不能确定立法权的最高权力,法律就无法具备其成为法律所绝对必需的条件了。立法权的目的在于保护社会及其每一个成员,因此它以社会的公众福利为限。在洛克制衡权力的学说里,立法权尽管是国家的最高权力,但它依然是有限制的。其最为关键之处在于,政府与国家并不是"自然的",它们是"人为的"。政府和国家的成立是为了弥补自然状态之下的欠缺,是为了保障实现人们在自然状态下由自然法所赋予他们的各项权利的,这是国家、政府,进而公权力维持其正当性的终极依据。换言之,保障由自然法所赋予的权利是目的,而国家、政府以及公权力都是实现这一目的的手段。所以,自然法就当然地构成了对于公权力的最高制约,它是所有人,包括立法者与其他人都应遵守的永恒规范。

---

〔1〕[英]洛克:《政府论》(下),叶启芳、瞿菊农译,商务印书馆1964年版,第61页。

具体而言,对立法权的限制在于:其一,它不能超出人们建立国家时所让渡出来的权力范围。这是因为,“既然它只是社会的各个成员交给作为立法者的那个个人或议会的联合权力,它就不能多于那些参加社会以前处在自然状态中的人们曾享有的和放弃给社会的权力。因为,没有人能把多于他自己所享有的权力转让给别人”。[1] 其二,立法机关不能以临时性的专断命令进行统治,而必须以预先颁布且经常有效的法律实行统治,此外,还必须要由合格的法官来进行裁判。因为人们之所以放弃自然状态转而建立国家,就是因为在自然状态下缺乏保护其生命、财产和其他权利的明确且恒常的法律规则。此外,自然法既然是不成文的,而在自然状态下每个人作为自己案件的裁判者又难免会受到其欲望与偏私等因素的影响,那么,就需要由职业化的、有经验的法官来确定自然法的具体内容,中立的法官也可以排除利害关系的影响来公正地裁断案件。其三,立法机关未经本人同意,不得剥夺其财产权。由于财产权是人们在自然状态下享有的基本权利,而保护财产权又是人们选择成立政府的主要目的,“因此,在社会中享有财产权的人们,对于那些根据社会的法律是属于他们的财产,就享有这样的一种权利,即未经他们本人的同意任何人无权从他们那里夺去他们的财产或其中的任何一部分”[2]。其四,立法机关不得将其立法权转让给其他人。因为国家既然是基于契约而产生的,那么它所拥有的各种公权力也就是人们通过契约而委托给它的,所以,“只有人民才能通过组成立法机关和指定由谁来行使立法权,选定国家的形式”[3]。而除了国家之外的任何组织与个人,都无权主张它可以为人民制定任何形式

---

〔1〕［英］洛克:《政府论》(下),叶启芳、瞿菊农译,商务印书馆1964年版,第83页。

〔2〕［英］洛克:《政府论》(下),叶启芳、瞿菊农译,商务印书馆1964年版,第86页。

〔3〕［英］洛克:《政府论》(下),叶启芳、瞿菊农译,商务印书馆1964年版,第88页。

的法律。

在洛克的分权理论中,立法权既然是国家的最高权力,执行权自然就是从属于立法权的。行政机关也要依附于立法机关,而且其行使执行权要受到法律的制约。对于立法权与执行权之间的关系,或者说立法机关与行政机关之间的关系,洛克的阐述却是非常含混的,这也影响到了他的分权理论的清晰性与完整性。当然,从一般意义上讲,洛克也强调为了保护人们由自然法所赋予的各项权利,立法权与执行权不应置于同一机构之下。但是,他也并未彻底排除两种公权力置于同一个机构的可能。如他曾指出,"如果执行权不是隶属于同时参与立法的人,而归属于任何其他地方,它显然是受立法机关的统属并对立法机关负责的……他既参与立法,则除他所参加和同意的立法机关以外,他并不从属于其他更高的立法机关和对之负责"[1]。此外,在洛克的理论中,立法机构并不是常设的,它也没有经常存在的客观必要,因为国家并不需要经常制定新的法律。但行政机关却必须是常设的,因为通过执行法律来保护权利并惩罚违法行为应当是政府的一种常态化的行为。也因此,召集和解散立法机关的权力就是由行政机关掌有并负责实施的。尽管他也特别强调,这种权力配置的方式并不意味着行政机关高于立法机关,"而只是因为人类事务变幻无常,不能适用一成不变的规定,为了人民的安全而给以的一种委托。因为,最初创建政府的人不可能有先见之明,充分料到未来的事件,能为未来长时间内的立法机关集会的召开和开会期限预定出适当的期限",[2]所以他认为弥补这种缺陷的最合适的方式,就是赋予常设的行政机关以相应的权力。但在这种情形下,他所坚持的立法权是国家最高权力的观点,就必然会遭到削弱。

---

〔1〕[英]洛克:《政府论》(下),叶启芳、瞿菊农译,商务印书馆1964年版,第93页。

〔2〕[英]洛克:《政府论》(下),叶启芳、瞿菊农译,商务印书馆1964年版,第95页。

所以,在洛克的分权理论中,实际上不存在不同权力之间的制约。对于公权力的约束,他主要还是从组成国家的"契约论"角度来进行理论建构的。换言之,如果公权力的行使违背了人们让渡权力组成国家的初衷,那么人民就可以解除契约并收回委托,然后重新订立契约并组成新的政府和国家。但他的这种"推倒重来"的政治主张,可能仅仅适合于发生剧烈社会革命的极少数情形,而在常态化的国家与社会治理当中,这却并不是而且也不应当是制约公权力的有效方式。因此,有论者就批评说,"洛克对立法权没有规定任何实质限制。他没有提倡明确的个人权利保护。他也没有清楚地表达作为独立分支的司法的独立性;他没有确定任何机制(如司法审查);他缺少反抗,它能使不合法政府行为无效"[1]。而直至孟德斯鸠,以法治方式制约公权力的理论建构才最后臻于完善。

(三)孟德斯鸠的权力制约理论

孟德斯鸠的分权理论才真正提出了对于公权力的"制衡理论"。与洛克不同,他并没有采用"契约论"来阐述权力的产生以及权力与权力之间的关系。因为所有的契约论都是以一种"纵向"的视角来论证权力以及对权力的制约的,质言之,国家的公权力是人民通过契约而让渡或者委托给它的,因此就需要人民来监督它,甚至在必要的时候收回它。孟德斯鸠采用了一种"横向"的视角来阐述公权力以及它们之间的制衡关系。这一点,构成了他的分权理论的特点,同时也是其巨大的优点。因为在这种理论之下,公权力之间的制衡关系就完全是一种常态化的制度安排了,因此,这种分权理论更适合于常态下的国家与社会治理。对公权力之所以要加以制衡,在孟德斯鸠看来,是因为"一切有权力的人都容易滥用权力,这是万古不易的一条经验。有权力的人们使用权力一直到遇有界限的地

〔1〕[美]布雷恩·Z. 塔玛纳哈:《论法治——历史、政治和理论》,李桂林译,武汉大学出版社 2010 年版,第 63 页。

方才休止"[1]。可以看出,他的分权理论在某种意义上是以人性为"恶"的基本假设作为其必要前提的。而为了对抗这种人性上所固有的恶,"要防止滥用权力,就必须以权力约束权力"[2]。

孟德斯鸠的分权理论,是基于其对18世纪早期英国政制的考察而得出的。他在英国的游历,构成了其知识史当中至关重要的经验,质言之,就是促使他逐渐产生了一种全新的政治观念,"即自由也许不是高尚的公民道德的结果,而是国家政权得到正确组织的结果"[3]。只有通过良好的政权组织形式,完善的权力制衡机制,才能有效地保障自由与权利,而这也正是法治的核心要义之一。根据他从英国政制中所获得的经验,"每一个国家有三种权力:(一)立法权力;(二)有关国际法事项的行政权力;(三)有关民政法规事项的行政权力"[4]。接下来,他对这三种权力的内容作了进一步的说明,第一种权力是制定或废止临时的或者永久的法律规则的权力;第二种权力则是在国家内部维护公共安全和防止侵略的权力,以及在国家之间进行外交上的宣战媾和与任命和接收外交使节的权力;第三种权力则是有关惩罚犯罪或者裁断个人争讼的权力,他明确称之为司法权力。

当然,我们可以看出,他对于行政权有关内容的描述还是比较简单的,但如果考虑到这是对18世纪早期英国政制状况的阐述的话,也就很好理解了。当时政府的行政管理内容,远不如现代社会这么丰富和复杂。对于国家公权力所作的这种逻辑上更为周延而且性质上更为准确的界定,却并不是他的分权理论中最有创见的部分。其最具创见的地方在于,他明确提出了三种公权力之间彼此制衡的主张,即为了保障自由不被侵犯,就必须实施权力的分立,并用权力

---

〔1〕[法]孟德斯鸠:《论法的精神》,张雁深译,商务印书馆1959年版,第184页。

〔2〕[法]孟德斯鸠:《论法的精神》,张雁深译,商务印书馆1959年版,第184页。

〔3〕[美]乔治·萨拜因:《政治学说史》(下),邓正来译,上海人民出版社2010年版,第240页。

〔4〕[法]孟德斯鸠:《论法的精神》,张雁深译,商务印书馆1959年版,第185页。

去制衡权力。“当立法权和行政权集中在同一个人或同一个机关之手,自由就不复存在了……如果司法权不同立法权和行政权分立,自由也就不存在了。如果司法权同立法权合而为一,则将对公民的生命和自由施行专断的权力,因为法官就是立法者。如果司法权同行政权合而为一,法官便将握有压迫者的力量。”[1]之后,他还进一步详细探讨了立法、行政与司法三种权力具体应如何行使,以确保能够充分实现他分权与制衡的主张。

必须承认,孟德斯鸠关于权力分立与制衡的阐述,可能并不如他所宣称的那样,是对18世纪初“英格兰政制”的描述。不少学者都认为,他误读了英国政制的实际状况,而且权力分立与制衡的范围也被他人为地夸大了。但其分权理论究竟是否是建立在对于英国经验“误读”的基础上,已经无关宏旨了,因为他关于权力制衡的理论洞见已经完全具备了影响政治现实的能力。萨拜因就指出,“孟德斯鸠在这一方面的影响之广之深是不容置疑的,而且可以详尽地见之于美国宪法和法国宪法的权利法案”[2]。

(四)权力制约机制的实践

在美国的制宪过程中,著名的联邦论者几乎全盘接受了孟德斯鸠的权力制衡理论,[3]他们首先认为权力本身有为恶的可能,接下来就试图在宪法中通过权力的分立与制衡来限制其为恶的可能。如麦迪逊就提出,“不可否认,权力具有一种侵犯性质,应该通过给它规定的限度在实际上加以限制。因此,在理论上区别了性质上是立法、行政或司法的几类权力以后,下一个而且是最困难的工作是,

---

〔1〕 [法]孟德斯鸠:《论法的精神》,张雁深译,商务印书馆1959年版,第185—186页。

〔2〕 [美]乔治·萨拜因:《政治学说史》(下),邓正来译,上海人民出版社2010年版,第245页。

〔3〕 在《联邦党人文集》第47篇当中,麦迪逊详细探讨了孟德斯鸠的三权分立学说,并称赞他是“先知”,还说孟德斯鸠即使不是这个宝贵箴言(三权分立学说)的首创人,其功劳至少也是最有效地揭示了并且引起了人们对这个箴言的注意。

给每种权力规定若干实际保证,以防止其他权力的侵犯"[1]。当然,在宪法中究竟应该如何设计权力制衡的结构,也还是在不断讨论中的问题。因为他们并不是在建构权力制衡的法治理论,而是在实践这一理论,是在设计制衡权力的宪制结构以实现宪制秩序。所以,仅仅在书面上划分不同权力的法定范围,并不能够防止权力的集中以及滥用。

最终,制宪者们在孟德斯鸠的权力制衡理论上,结合其政治现实,在宪法上同时采用了两种不同的分权结构,以此来保障以权力制约权力的宗旨得以实现。这两种分权结构中一种是纵向的,即在联邦与各州之间实行的权力的分立与制衡;另一种则是横向的,即在联邦和各州内部实行的立法、行政与司法权的分立与制衡。此外,考虑到司法权是彼此分立的三种权力当中最弱的一个,因为"司法部门既无强制、又无意志,而只有判断;而且为实施其判断亦需借助于行政部门的力量"[2]。因此,有必要确立司法对于立法权的审查之权,即法院必须有宣布违反宪法明文规定的立法为无效之权,以保障其"限权宪法"的实现。至此,权力制衡终于在现实的政治与法治实践当中开花结果。

此后大多数国家的宪法,尽管未必完全照搬孟德斯鸠的权力制衡理论,但大都会采取某种形式与程度的分权模式。而且以最高效力的宪法形式,规定以权力制约权力的方式来约束和规范公权力的运行,也成为西方国家普遍接受的一种共识。

三、确立权利保护机制

(一)法官职业能力的保障

保护个人权利也当然是法治的重要功能之一,而且上面所提及的以法治限制公权力,部分地也与个人权利的保护相关。因为自洛

---

〔1〕 [美]汉密尔顿、[美]杰伊、[美]麦迪逊:《联邦党人文集》,程逢如等译,商务印书馆1980年版,第252页。

〔2〕 [美]汉密尔顿、[美]杰伊、[美]麦迪逊:《联邦党人文集》,程逢如等译,商务印书馆1980年版,第391页。

克、孟德斯鸠以来的权力制衡理论，其所主张的以法治的方式来制约公权力，实则其目的都在于保护个人的自由，而所谓的自由，也就是在法律之下人们所应享有的各种权利。如洛克就坚称，“人的自然自由，就是不受人间任何上级权力的约束，不处在人们的意志或立法权之下，只以自然法作为它的准绳……处在政府之下的人们的自由，应有长期有效的规则作为生活的准绳，这种规则为社会一切成员所共同遵守，并为社会所建立的立法机关所制定”[1]。而孟德斯鸠也认为，自由就是做国家的法律所许可的一切事情的权利。但这种权利只有在国家公权力不被滥用的情况下才能够存在，因此才需要通过分权与制衡的法治手段来限制权力，以保障自由或者权利得以实现。

当然，法治之于个人权利的保护，不应仅仅局限于个人与政府或者国家的关系当中，它也同样甚至更多地体现在个人与除国家之外的其他法律主体的关系当中。这样的话，就必须要建立起规范化的权利保护机构与相应的机制，只有通过它们才能落实对于权利的保护。在西方的法治语境下，这种规范化的权利保护机构就是法院，而主要的保护机制就是法院独立行使审判权等相关制度设计。著名政治哲学家哈耶克就曾强调说，“对法治的信奉与对司法程式的尊重结合起来方能产生作用，二者相依相伴，缺一不可，否则任何一方都不可能有效”[2]。

根据德国《布洛克豪斯百科全书》第15卷，法治国家所必须具备的要素包括：颁布在法律上限制国家权力（尤其是通过分权）的成文宪法；用基本法规来保障各种不容侵犯的民众权利；法院从法律上保护公民的公共及私人权利不受国家权力的干涉；在因征用、为公献身及渎职而造成损失的情况下，国家有赔偿的义务；法院独立，

---

〔1〕［英］洛克：《政府论》（下），叶启芳、瞿菊农译，商务印书馆1964年版，第16页。

〔2〕［英］弗里德利希·冯·哈耶克：《自由秩序原理》（上），邓正来译，生活·读书·新知三联书店1997年版，第278页。

保障法官的法律地位;禁止刑法有追溯效力;最后,是行政机关的依法办事原则。[1] 分析该百科全书对法治国家的界定,除了对静态的法律制度本身所作的限制性要求,例如,要有限制公权力与保护个人权利的宪法,以及刑事法律不得有溯及既往的效力之外,在权利保护上,该百科全书就明确指出了一元化的保护机构——法院,以及中立化的保护机制——独立审判。这正是基于司法权的固有特点,即它相对于立法权与行政权的特殊性而作出的界定。

因为在现代社会,立法权在本质上是受民主原则所支配的一种权力,民主的"多数决"规则虽然在很大程度上可以正当化立法行为以及法律制度,因为由立法机关所制定的法律一定是多数人意志的体现。但它同时也有可能造成多数人损害少数人利益的客观结果,而少数人则又有服从多数人意志的宪法义务。因此,至少从理论上看,立法权并不有利于落实对个人权利的"平等保护"。而行政权在本质上属于执行权,它的行使就是在执行立法机关所制定的法律,所以,上述难题就仍然无法化解。更何况,行政机关所代表的政府利益在某些特殊情况下,也可能与个人权利之间存在发生冲突的可能。典型如政府所追求的发展经济以及促进就业等目标,就可能与公民个人的环境权之间存在内在的紧张关系,因为双方所追求的彼此冲突的价值,都得通过企业的生产经营活动来实现,而企业很可能无法兼顾。在此情形下,政府就很可能以行政的方式侵犯公民的权利。但对于司法权来说,上述的难题几乎都不存在,因为它在性质上属于一种被动的、中立性的和裁判性的权力。司法机关只能根据当事人的申请,以居中的态度,并以裁判的方式来确认和维护他们的权利。此外,司法权的运行机制又以"独立性"为其最高原则,正是这一独立性原则要求并且保障了它既不受来自其他公权力的外部压力或干涉,同时也不受来自当事人本身的内部压力与干扰。

---

〔1〕 转引自梁治平:《法辨:法律文化论集》,广西师范大学出版社 2015 年版,第 106 页。

因此，它也就更适合于充当适用法律、主持正义和保护权利的规范化机构。[1] 因此，德沃金就曾指出，“法院是法律帝国的首都，法官是帝国的王侯”，[2]并借此系列隐喻来强调法院以及法官对于法律以及法治的重要意义。

在西方的法治语境下，法院是对权利进行法律救济的最具权威性的部门。就保护权利而言，司法也是穷尽了其他一切救济手段之后，当事人的终极选择。因此，为了强化司法的权利保护功能，就需要通过相应的制度设计来予以保障。而典型的制度设计，就是对法官之职业能力的要求，以及对公正司法程序的设计。

司法权是由法官来负责执行的，因此，法官的职业能力是关涉司法权实现效果的重要制度性因素。就法律职业能力的培养与提升来看，最为核心的措施就是专门的法学教育。在西方社会，无论是采取“学院制”还是“学徒制”教育模式，目的都是通过专业化的教育来培养法律人的职业能力，提高其职业素养。法学教育模式与法律传统之间存在复杂的联系，它既受法律传统的制约，但同时也是形塑法律传统的重要力量。由于所谓的“法学”教育，大抵是围绕着“法律”而展开的，因此，不同法系传统在法律形式上的不同，当然会影响其法学教育模式的选择，而不同的教育模式，又导致了其所培养的法律人在具体职业能力上的明显差异。概言之，大陆法系所采用的是由大学教授实施的理性的法学教育，从教学形式上来看，表现为一种极度讲求形式逻辑推理的学问式训练；从教育的主要目的上看，重在培养法律人能以体系化(systematic)且合乎理性的方式来探讨和解决相关法律问题的能力。而普通法系采用的则是由实务专家所实施的经验的法学教育，从教学形式上看，体现为一种讲求实质推理的工匠式训练；从教育的主要目的来看，旨在培养法律人

---

〔1〕 参见喻中：《中国法治观念》，中国政法大学出版社2011年版，第234页。

〔2〕 参见[美]德沃金：《法律帝国》，李常青译，中国大百科全书出版社1996年版，第361页。

能以个案化的决疑论(casuistic)但却符合常识与经验的方式来解决法律问题的能力。

大陆法系采取的是学院制教育模式,它的兴起是以11世纪晚期学者在意大利波伦那大学的图书馆中偶然发现了查士丁尼的《国法大全》为契机的。该经典法律文献被发现之后,波伦那大学与意大利北部的其他一些大学很快就成了当时欧洲的法学教育中心,学者们以《国法大全》这一体系化法律文本为主要的研究对象,主要采用的教学与研究方法则是"经院主义"——分析与综合相结合的辩证推理方法。伯尔曼对此评论说,"在那里,西欧第一次将法律作为一种独特的和系统化的知识体亦即一门科学来教授,其中零散的司法判决、规则以及制定法都被予以客观的研究,并且依据一般原理和真理而加以解释,整个法律制度均是以这些原理和真理为基础的"〔1〕。此后,这种教学方法与课程安排又被慕名而来学习罗马法的欧洲各地的学生移植到其他城市,这不但促进了整个欧洲大陆法学教育的普及,而且也间接地促进了世俗大学的兴起。在这个过程当中,起源于古希腊的分析与综合的辩证方法所起的作用至关重要。而且在法学教育实践中,学者们又将它提高到了一个更高的学术层次,"他们试图将法律规则系统化为一个统一的整体——不只是确定具体类别案件中的共同要素,而且还将这些规则综合为原则,又将原则本身综合为完整的制度,即法律的体系或者法律大全"〔2〕。这种由规则到原则,再由原则到法典的体系化思维,是形塑大陆法系法律制度与法律推理的最为根本的思想力量。

由大学所实施的学院制教育模式,是围绕着"法律文本"而展开的,最早的法律文本就是《国法大全》,在经历了18世纪的法典化运动之后,法学教育就主要围绕着各自的法典而展开。法典以完整的

〔1〕［美］哈罗德·J.伯尔曼:《法律与革命:西方法律传统的形成》,高鸿钧等译,法律出版社2008年版,第115页。

〔2〕［美］哈罗德·J.伯尔曼:《法律与革命:西方法律传统的形成》,高鸿钧等译,法律出版社2008年版,第135页。

文本形式从制度层面界定了法律，所以法学教育主要就是学习抽象的法律概念，法律条文的含义、其适用的条件与法律效果，以及法条与其他法条甚至整个法典之间的逻辑关联等。整体的教学内容，都是在“体系性思维”的指引下展开的，这种思维的特点就是极度依赖准确的概念性的定义、细致的差别，以及一套完整的理论和规则的逻辑框架。其目的则是培养学生能够以一致的、统一的思维方法去分析和解决所有的法律问题。正是通过这种专业的、规范的法学教育，逐渐产生出了一个职业法律家阶层，“这些法律家由于共同的训练，由于引导教会的法律活动和帝国、王国、城市、庄园、商人行会以及其他行会的世俗领域的法律活动的共同任务而联系在一起”[1]。当然，仅仅接受过学院制法学教育并不构成从事司法职业的充分条件，单凭一张法律文凭仍然是不够的。如果要从事具体的司法工作，他们还必须要接受一定期限的法律实务培训，然后参加专业的司法考试并合格之后，方可成功执业。

对于大陆法系的法官，由于存在一套逻辑自洽且体系完整的法典，所以其司法活动也同样变成一种几乎纯粹的和理论化的逻辑推演过程，审判过程被框定于一种近乎学究式的与纯粹形式逻辑的三段论式的推理当中。在具体案件的审理过程中，法官的作用是先从既有的法律文本当中去“找法”，即找到正确的法律条文，然后将案件事实涵摄于该法条之下，“从法律条款与事实的结合中会自动产生解决办法，法官赋予其法律意义”[2]。大陆法系法官的这种演绎式司法推理，排除了法律规定之外的其他因素对于司法活动的影响，可以在最大程度上保证最终裁判的可预期性与合法性，以此来实现司法公正。

与大陆法系大异其趣，普通法系的法律从一开始就不是建立在

---

〔1〕［美］哈罗德·J.伯尔曼：《法律与革命：西方法律传统的形成》，高鸿钧等译，法律出版社2008年版，第159页。

〔2〕［美］约翰·亨利·梅利曼：《大陆法系》，顾培东、禄正平译，法律出版社2004年版，第36页。

任何所谓的"法律圣经"的基础之上的。判例法是经验主义的渐进演化的产物,而不是大陆法系那种理性主义的主观建构的产物。"在英格兰,司法体系成为普通法大厦之顶梁柱。那是一个崇尚司法先例而非法典的地方,即使在现在一般为制定法所调整的领域,法官仍享有相当程度的法律解释权,他们根据古老的解释规则以及普通法和理性的基本原则,对制定法作出解释。"[1]由于法律的形式与大陆法系不一样,所以其法学教育的模式也不一样,普通法系最初的法学教育采用的是典型的学徒制模式。

普通法是基于法官所颁发的个别"令状"以及法庭诉讼程式与技巧而逐渐发展起来的,所以就其本质而言,普通法并不是一套逻辑化的知识体系,而是一种实践性的技艺。因此,其法学教育也就更侧重于经验与实践,着重发展的是职业技术而非体系化的知识。再则,普通法是由零散的"判例"构成的,根据其传统的"遵循先例"(stare decisis)这一司法原则,先例就成了法律。由于判例是建立在具体的案件基础之上的,如果没有案件自然也就不会有判例,更不会形成先例了。所以,普通法在形式上必定是零散的而非体系化的,这也就导致了在普通法的教育中,判例汇编备受重视。尽管其教学当中也有教科书,但与大陆法系不同,其教科书同样不追求以体系化的方式去建构某种统一的法律理论,反而是以个案的"决疑论"的方式来阐明具体的判例。

因此,普通法的教育过程就呈现出非常鲜明的轻理论而重实务的特征,教育的目的侧重于培养学生探究并预测法官在处理具体案件时,会依据先例做出怎样的裁判的能力,亦即关于案件处理的实践理性。正是基于此,著名的普通法学家兼大法官霍姆斯才断言,在普通法传统中,"法律的生命不是逻辑,而是经验……要理解法律

---

〔1〕[比]R. C. 范·卡内冈:《法官、立法者与法学教授——欧洲法律史篇》,薛张敏敏译,北京大学出版社2006年版,第85页。

是什么，我们必须了解它以前是什么，以及它未来会成为什么样子”[1]。相较于大陆法系司法推理中典型的三段论模式，在普通法系的司法过程中，那些特定时代背景下人们的现实需求、社会主流的道德观念与政治理论、对政府公共政策的直觉感受，甚至法官与社会大众共有的偏见等，其所起的作用或许都要比抽象的规则更大。正是普通法及其司法过程所具有的上述特点，决定了“学习法律的最佳方式，就是在法庭中学，在记录控辩理由的书本（年鉴）中学，以及在法官与出庭律师之间迅疾而精彩的争辩中学”[2]。普通法系最早的学徒制教育机构就是“律师会馆”（inns of court），学生会选择进入某一律师会馆并成为其年轻学徒当中的一员，他要接受会馆中的出庭律师和法官们的详细教导，并通过亲自观摩法律在法庭上的实际操作经验来研习法律。

尽管随着社会的发展，普通法系的学徒制教育模式已经发生了很大变化，其教育的主要任务已经部分或者全部转移到了大学，因而也融入了学院制教育模式中，与此同时，传统的律师会馆已经逐渐演变成为一种单纯的法律人执业前的培训机构。但由大学所实施的法学教育，其倾向于实务培训的浓重色彩却并未显著减弱，它教给学生的除了基本的法律知识与法学理论之外，就是各种法律技巧以及法律职业所特有的思维方式等。教学的宗旨，也依然是教导学生能够掌握像律师那样去思考问题和分析、判断进而解决问题的能力，以及熟练地驾驭和运用各种法律资源的能力等。

美国的普通法教育，独立之前采用的也是学徒制，但独立之后即开始尝试由大学实施的学院制教育模式。自兰代尔引入著名的“案例教学法”之后，其学院制教学中更强调职业能力的培养，“这种教学因为上课时以学生已了解法律为前提，所以把授课重心置于该法

---

〔1〕［美］小奥利弗·温德尔·霍姆斯：《普通法》，冉昊、姚中秋译，中国政法大学出版社2006年版，第1页。

〔2〕［比］R. C. 范·卡内冈：《法官、立法者与法学教授——欧洲法律史篇》，薛张敏敏译，北京大学出版社2006年版，第60页。

律是否发生实际作用、以何种方式、在什么范围内发生作用,以及产生该法律的社会现实是什么等方面……对教授而言,并不是在传授作为知识的真理,更重要的是使学生掌握解决问题的方法,对学生而言,较之对实质性法律制度的了解,关键在于懂得怎样适用这些制度”[1]。

普通法系法学教育所注重的,就是培养学生在尊重法律(包括先例与制定法)与尊重社会的实际需求甚至于个案公正的需求之间,寻求某种法律上的平衡。法律职业能力的核心,就是培养法律人具备情景化思维,并在具体案件的处理上,能够将其与政府的公共政策以及社会的道德观念等结合起来,从而能够最终作出一个“合情合理司法的裁判”的能力。当然,其司法的宗旨也依然是适用法律以实现正义,即所谓“身披法袍的正义”。

本书以上的阐述,目的并不在于说明两大法系在法学教育上存在的显著区别,而旨在通过对学院制与学徒制两种教育模式的简单述评,说明法律职业能力的复杂性及其对于司法活动的重要意义。司法权的运行,需要高度职业化的知识与相应能力的支持,而这种知识以及能力必须要通过规范且专业的法学教育才能够培养起来。因此,两大法系才根据其法系的固有特点,分别采取了不同的教育模式来培养与其法律形式以及司法体制等条件相适应的职业能力。而这种职业能力或者说实践理性,也的确被法官所认可并坚持,正如著名的柯克法官在他与国王詹姆斯的对话中所坚称的,“那些涉及陛下臣民的生命、继承、商品或其他财物的案件并不应当按照自然理性(natural reason)来裁判,而应按照人为理性(artificial reason)和对法律的判断来裁判,而达致这种判断和认识这种法律必须具有长时间的经验和进行长时间的研究”[2]。柯克在对话中直言拒绝了

---

〔1〕 [日]大木雅夫:《比较法》,范愉译,法律出版社2006年版,第316页。

〔2〕 [美]乔治·萨拜因:《政治学说史》(下),邓正来译,上海人民出版社2010年版,第131页。

国王所声称的,他也具有审理案件之能力的主张。尽管柯克并不否认国王具有丰富的知识与非凡的理性,但他所坚持的在于,法官审理案件所需的对法律知识的了解以及对职业能力的掌握,必须要经过长时间的职业训练才能够获得。而只有掌握了这种职业能力或人为理性,才能履行法官裁判案件,并保护生命以及财产等各种权利的职责。

(二)司法公正程序的保障

司法机关履行其裁判案件保护权利之法定职责,除了通过规范严格的法学教育制度以保障法官获得相应的职业能力之外,另一项重要的制度,就是关于公正程序的设置。在法哲学家戈尔丁看来,公正在解决社会冲突的司法过程中,甚至具有更高的价值。[1] 但仅仅依靠法官个人的职业能力与职业操守,并不足以保证司法权的行使能够践行其保护权利之宗旨,除此之外,还必须要从法律程序上规范和限制司法权的行使。换言之,司法权保护个人权利这一正当且合法的"目的",也必须要通过公正的法律程序这一"手段"而达成。因为对于所有的公权力来说,在很大程度上恰恰是手段本身的正当性,才证明了其所追求的目的的正当性。而司法权行使中的公正程序设置,就是法官正确地选择和适用法律,进而实现法律正义的重要制度保障。

关于司法的公正程序问题,一直是法理学与法哲学研究中的基本论题之一,当然,不同的法学流派对于公正程序的界定与阐述也有不同。但在西方的法治语境下,也一直存在将公正程序的内容及其标准与实现它的具体手段结合起来进行学理探究与实践推行的传统。如戈尔丁就认为,公正程序的内容及其实现的手段与以下几项规则密切相关:

"第一,中立。包括:(1)任何人不能作为有关自己案件的法官;

---

〔1〕 参见[美]马丁·戈尔丁:《法律哲学》,齐海滨译,生活·读书·新知三联书店1987年版,第232页。

(2)冲突的解决结果中不含有解决者个人的利益;(3)冲突的解决者不应有对当事人一方的好恶偏见。

第二,冲突的劝导。包括:(4)平等地告知每一方当事人有关程序的事项;(5)冲突的解决者应听取双方的辩论和证据;(6)冲突的解决者只应在一方当事人在场的情况下听取另一方的意见;(7)每一方当事人都应有公平的机会回答另一方所提出的辩论和证据。

第三,裁决。包括:(8)解决诸项内容应以理性推演为依据;(9)推理应建立于当事人作出的辩论和提出的证据之上。"[1]

戈尔丁如上所列的这九项规则,基本上体现了司法活动中关于公正程序的主要内容与一般标准。当然,有关规范司法权行使之公正程序的设置,在不同国家之间也存在一定的差别。上述诸原则归纳起来讲,其普适性的制度设计就包括了有关司法权运行的客观性、公正性以及独立性等要求。所谓司法的客观性,就是要求司法权的行使必须以客观的事实为基础,在专业化的司法语境下,所谓的"客观事实",并不是要求法官尊重与具体案件相关的"全部事实",而仅仅是要求法官尊重法律规则所要求的,且必须以合法的证据加以证明的"法律事实"。而与之对应的要求就是,排除任何以非法方式获取的证据,借此来保障人权。并且,法官也必须在依法审查全部证据并听取当事人双方的全部辩论之后,才可以对案件作出司法裁判。所谓司法的公正性,就是要求司法权的行使必须平等地对待双方当事人。有学者指出,"在任何多主体的社会行为中,公正都与平等直接相联系,或者说平等在很大程度上体现着公正"[2]。既然司法权在性质上属于中立性的裁判权,其公正性就必须建立在平等对待诉讼双方的前提之上。法官要对诉讼双方平等地适用法律,包括告知双方相关的诉讼权利,保证双方都能够充分地表达其

---

〔1〕 [美]马丁·戈尔丁:《法律哲学》,齐海滨译,生活·读书·新知三联书店1987年版,第240页。

〔2〕 顾培东:《社会冲突与诉讼机制》,法律出版社2004年版,第71页。

诉讼主张与请求手段，以及充分听取诉讼双方的陈述和意见等。而与之对应的要求自然就是，不得在司法过程中偏袒任何一方，以实现司法权平等保护与平等惩罚的基本目的。所谓司法的独立性，也就是法官独立审理案件，司法权的行使不受诉讼当事人意见的支配，也不受公众舆论的影响，更不受其他公权力的干涉。当然，司法的独立性，同时也要求法官不得担任自己案件的裁判者，以及不得与案件有法律所规定的利害关系等。

正是对于司法权的这种程序性规定，保障了职业化的法官能够公正地适用法律，并平等地保护每一个案件当事人的权利。而且，公正程序本身也具有相当程度的正当化功能，它不但可以促使案件当事人认可裁判行为与裁判结果的合法性与正当性，也可以超越个案，促使案外的社会公众产生对于法律、司法以及法治之正当性的信念。

第六章　法治信仰的内在条件

一、实质理性的自然法

（一）世俗信仰对法律的影响

社会普遍的法律意识与法律信仰，除了建立在工具主义的考量，即法律以及法治能够解决实际的问题，如前面所提及的化解重大冲突、制约权力与保护权利之外，还建立在规范主义的考量，即法律是“善法”的基础之上。伯尔曼曾指出，法律必须被信仰，正是基于对法律的信仰，人们才会觉得法律是“他们的”法律，进而才会尊重法律。换言之，法律必须能够赢得人们的绝对忠诚，才能让他们普遍心甘情愿地选择遵守它。因此他认为，“在任何一个社会，法律本身都力促对其自身神圣性的信念。它以各种方式要求人们服从，不但诉诸他们的物质的、客观的、有限的和理性的利益，而且求诸他们对超越社会功利的真理、正义的信仰，也就是说，它以那些与流行理论所描绘的现世主义和工具主义面目不同的方式要求人们的服从”[1]。当然，伯尔曼在此所强

---

〔1〕［美］伯尔曼：《法律与宗教》，梁治平译，商务印书馆2012年版，第20－21页。

调的，人们对于法律所产生的那种与物质和经济利益等功利性考量全无关系的，纯粹是规范性意义上的信仰，也绝对不仅仅来源于宗教。尽管他的确极为看重西方的基督教信仰在促成人们产生相应法律观念中的作用，因为正是教会最先让西方人了解了现代法律制度究竟是怎么回事。但是在宗教的那种超验信仰之外，伯尔曼也强调了世俗信仰在促使人们产生法律观念中的巨大影响力，对此，他称为“世俗宗教的法学”。

在西方社会走出中世纪浓厚的神学影响之后，这些世俗的政治信仰也的确非常有力地推动了人们对于法律的信仰。而启蒙运动的相关信条，就是现代法律制度与法律意识的重要信仰基础。[1] 如18世纪与19世纪之交的欧美社会那些著名的政治理论家与革命者，如卢梭、孟德斯鸠以及北美革命中的领袖人物如麦迪逊、汉密尔顿以及杰斐逊等，他们对于法律的基本观念，就完全建立在其对于启蒙运动所倡导的个人主义、理性主义以及自然权利等政治理念的信仰之上。伯尔曼提出，“发自启蒙运动的政治哲学和社会哲学就是宗教，因为，它们把终极意义和神圣性归因于个人的心智——并且也……归于民族。个人主义和理性主义的时代也就是民族主义的时代：个人是公民，而公众的意见表现为并非人类的意见，而是法国人的意见，德国人的意见，美国人的意见，等等”[2]。

对于那个时代的人们来说，正是基于对伯尔曼意义上的所谓“世俗宗教”，即个人主义、理性主义以及民族主义等观念的普遍信仰，才产生了相应的法律观念。例如，对于平等法律人格的认可，因为根据个人主义，每个人都具有独立的价值，因而与他人是平等的；对于立法机关之权威的认可，因为根据理性主义，立法就是理性决

---

〔1〕 伯尔曼就认为，启蒙运动所主张的政治信条，是欧洲第一个在宗教信仰之外发展起来的世俗信仰制度，这些信条对于其后的法律制度、法律观念产生了巨大且深远的影响。参见[美]伯尔曼：《信仰与秩序：法律与宗教的复合》，姚剑波译，中央编译出版社2011年版，第120－132页。

〔2〕 [美]伯尔曼：《法律与宗教》，梁治平译，商务印书馆2012年版，第59页。

定的结果;以及对于国家宪法权威的认可,因为根据民族主义,宪法是民族国家的最高法律,它由公意所决定。而且,人们对世俗的政治观念的普遍信仰,也直接影响到了具体法律制度的建构,以及人们对于这些制度的观念。

同样是基于对个人主义以及理性主义等理念的信仰,对18世纪与19世纪之交欧洲大陆的法典化运动(主要是民法典的编纂),以及当时人们的民法观念就产生了革命性的影响。例如,所有权就被认为是权利人按照自己的意志对财产进行占有、使用和处分的权利,除非法律明确规定,否则不得限制所有权人的上述意志;契约被认为是依照当事人的意愿而形成的法律关系,除了有法律规定的情形如欺诈、胁迫、订立契约的当事人未成年,以及显失公正之外,不影响契约的效力;侵权责任一般被认为是基于当事人的过错才构成的,侵权人非因故意或过失不应对受害人承担法律责任;婚姻也被认为是依照双方的合意而形成的关系,缔结婚姻与解除婚姻都是基于当事人自己的意愿。可以看出,上述基本的民事法律制度里,都明确地贯彻了自启蒙运动以来为社会大众所普遍信仰的个人主义、理性主义观念。根据上述观念,理性源于每一个人的智力,因此理性也教导每一个人运用其理性去建构他们的生活,包括各种法律关系,同时也对自己的行为负责。而法律制度的设置,也就在于承认、保护和规范人们的这些行为。换言之,正是人们对上述世俗观念之正当性的普遍认可,才形成继而强化了相应的法律制度与法律观念。

(二)自然法思想对法律的影响

就世俗信仰对于法律文化,即法律制度与法律意识的影响而言,对于西方社会,最为持久且重要的无疑是自然法观念。所谓持久,是指从古希腊到当下,它对于法律文化一直发生着持续性的形塑作用;所谓重要,是指它在关键时刻,对于解决法律难题起到了重要的支撑作用。两千多年来,自然法观念一直对于人类在智识上的持续进步以及制度设置上的不断完善扮演着极为重要的角色,它被认为是判断善与恶、对与错以及正义与不义的终极标准。

但与传统学界对自然法的界定稍有不同,本书在此主要借鉴了韦伯关于自然法之"理念型"建构的学术主张,将自然法分为实质理性的自然法与形式理性的自然法。[1] 这两种自然法思想:一个从精神与内容的层面形塑了西方的法律文化,促成了法律向"善法"的不断演进,由此也提升了人们对于法律的信仰;另一个则从形式层面形塑了西方特别是大陆法系的法律体系,并在很大程度上赋予了法律"科学"的品质,由此也促成人们对统一和科学的法律制度的信仰。

实质理性的自然法,在西方有着非常悠久的历史传统。概言之,就是坚持自然法是理性与正义的法律表征,作为一种高级法(higher law)形成其对于世俗社会实在法(positive law)的要求、限制甚至否定。这种观念,早在公元前5世纪中期古希腊戏剧作家索福克勒斯的经典悲剧作品《安提戈涅》中,就已经清晰地呈现了出来。在该剧中,安提戈涅的兄长波吕涅克斯背叛忒拜城邦,为争夺城邦王位而带领外邦军队攻打忒拜,而他的弟弟埃特奥克勒斯则担负着保护忒拜城的责任,最后,敌对的兄弟二人在单独决斗中双双战死。忒拜城的国王克瑞昂按照城邦的法律与习惯,以应有的礼仪安葬了守护城邦的埃特奥克勒斯。但对于攻打城邦的波吕涅克斯,国王坚持认为他是城邦的叛徒,因此下令禁止城邦中的任何人埋葬和哀悼他。但依照当时希腊人所信仰的律法,逝者必须要埋葬,其灵魂才能得以安息。因此,死者的妹妹安提戈涅不认为国王克瑞昂颁布的法令具有如此的效力,"以致一个凡人可以践踏不成文的永不失效的天条神律",她坚持只有后者的效力才是更高的而且永恒的。最终,安提戈涅根据这一律法的要求,不顾国王的禁令而埋葬了兄长波吕涅克斯,以尽到亲人的义务。这种高级法的观念尽管在当时的经典文

[1] 参见[德]韦伯:《法律社会学》,康乐、简惠美译,广西师范大学出版社2005年版,第299-315页。

学作品中多有体现,但它对于希腊城邦中实在法的具体影响却并不明显,而且它也几乎没有出现在那个时代与法律主题相关的经典哲学著述中,典型如《理想国》、《政治学》以及《尼各马可伦理学》等作品,都未曾提及此种观点。所以有学者就指出,"总的说来,希腊思想中完全不存在这样的观念,即人类法律应当与某些价值契合,否则即归于无效"[1]。

但是在希腊晚期的斯多葛派思想中,自然法观念却大放异彩。斯多葛学派的基本教义是强调自然与人的本性之间的同一与完美,并且对道德秩序持有一种近乎宗教意义上的坚定信仰。在他们看来,人性与自然之间存在内在的一致性,因此,人就应当按照自然或者本性的要求而生活。由于自然或者人的本性当中最为重要的一项内容就是理性,所以人必须过理性的社会生活,而且这种人类的社会生活还必须要与自然理性彼此契合。在自然理性之中,关乎何为正当的理性就是自然法,它是关乎什么是正当、正义的一种普适性标准。因为它是理性的,所以它就是永恒不变的;因为它是理性的,所以它也就对所有人都普遍有效。这实际上就提出了自然法是理性法,以及自然法是永恒法的理念。

斯多葛派的自然法思想对于晚期的希腊社会影响甚微,它却是希腊给予罗马的最伟大的智识上的馈赠。它不仅深刻地影响了罗马的知识阶层,而且更深刻地影响了罗马法,甚至被后世的学者认为是"罗马法学之母"。[2] 萨拜因就坚称,"对此后的历史来说,斯多葛哲学关于高级法的理念(the Stoic idea of a higher law)对罗马法所产生的影响具有更为重要的意义……它提出了一种合理和公平的理想,并将之作为在实在法(positive law)有可能变成狭隘之习惯的

[1] [爱尔兰]J. M. 凯利:《西方法律思想简史》,王笑红译,法律出版社2002年版,第20页。

[2] 参见[德]海因里希·罗门:《自然法的观念史和哲学》,姚中秋译,上海三联书店2007年版,第24页。

时候批判法律的一个手段”[1]。作为希腊对罗马所实施的智识上之征服的主要表征,斯多葛派自然法思想征服了共和晚期与帝国初期的罗马知识阶层,职业生涯大致开始于西庇阿时代的几乎所有罗马法学家,几乎都成了斯多葛自然法思想的忠实拥趸。

如罗马时代最为著名的政治家兼法学家西塞罗,就几乎全盘接受了斯多葛学派关于理性以及自然法的核心观念。在他的著作《国家篇 法律篇》当中,就坚定地认为人是具有理性的,“既然没有比理性更好的东西,而且它在人心和神心之中都存在,人和神的第一个共有就是理性”[2]。他也坚持认为自然是人类观念以及法律制度的终极渊源,而且每个人都可以依据自己的理性来获得对它的认识。“法律是植根于自然的、指挥应然行为并禁止相反行为的最高理性(reason)……这一理性,当它在人类的意识中牢固确定并完全展开后,就是法律。因此,他们认为法律就是智识,其自然功能就是指挥(command)正确行为并禁止错误行为。”[3]此外,“法律是根据与自然——万物中首要的和最古老的——一致而制定的有关事务正义和不正义的区别;在符合自然的标准下,构筑了这样一些人的法律,它对邪恶者施以惩罚,而保卫和保护善者”[4]。他也同样坚持,自然法既然是理性的法则,法律的至上性必须取决于其是否与作为高级法的自然法相符合。“在确定正义是什么的时候,让我们从最高的法律开始,这种法律的产生远远早于任何曾存在过的成文法和任何曾

---

[1] [美]乔治·萨拜因:《政治学说史》(上),邓正来译,上海人民出版社2008年版,第195页。

[2] [古罗马]西塞罗:《国家篇 法律篇》,沈叔平、苏力译,商务印书馆1999年版,第160页。

[3] [古罗马]西塞罗:《国家篇 法律篇》,沈叔平、苏力译,商务印书馆1999年版,第158页。

[4] [古罗马]西塞罗:《国家篇 法律篇》,沈叔平、苏力译,商务印书馆1999年版,第189页。

建立过的国家。”[1]而且，“正义只有一个；它对所有的人类社会都有约束力，并且它是基于一个大写的法，这个法是运用于指令和禁令的正确理性。无论谁，不了解这个大写的法——无论这个法律是否以文字形式记录在什么地方——就是没有正义”[2]。当然，自然法之于罗马的实际影响，除了它成为当时法律人的普遍信仰之外，还实实在在地影响到了罗马法律的具体建构。正如著名的自然法哲学家登特列夫所言，“自然法的头一个伟大成就见于法律的固有领域，也就是见于具有普遍效力的一个法律体系的奠基。这个体系收录于查士丁尼（Justinian）的法典中，也通过这法典而传递给后世”[3]。

斯多葛派自然法对于罗马法所产生的实际影响，主要不在于罗马的市民法（ius civile），而在于其万民法（ius gentium）。当时罗马的固有法制，明确地呈现市民法与万民法二元并立的局面，市民法的适用范围较窄，它是只适用于罗马市民的一套法律制度。而万民法的适用范围更宽，它是适用于罗马治下的所有人，包括罗马境内的罗马人与外国人，以及外国人与外国人之间的各种社会关系的一套法律制度。按照当时著名的法学家盖尤斯的说法，正是基于自然法才建立了万民法制度。质言之，自然法促使罗马市民之外的“个人”在私法当中的法律主体地位得到了确认，而适用于“所有人”的法律正是斯多葛自然法思想的一项基本主张。而扩大罗马法中的某些适宜的制度的适用范围，使之适用于罗马人之外的外国人，也使得原本具有浓厚部落特征的罗马法，成了某种程度上具有普适主义（universalism）性质的世界性法律。

---

〔1〕［古罗马］西塞罗：《国家篇 法律篇》，沈叔平、苏力译，商务印书馆 1999 年版，第 158 页。

〔2〕［古罗马］西塞罗：《国家篇 法律篇》，沈叔平、苏力译，商务印书馆 1999 年版，第 170 页。

〔3〕［意］登特列夫：《自然法：法律哲学导论》，李日章、梁捷、王利译，新星出版社 2008 年版，第 13 页。

而且,罗马法所表现出来的这种普遍的效力,并非如传统那样是依靠某种形式的蛮横武力,相反,它完全是基于人的普遍的理性,而这也正与斯多葛派自然法思想中关于理性法的主张相契合。因此,登特列夫就指出,正是“在斯多葛哲学的影响之下,自然法学说终于转化成为罗马法——由此一代一代传递给后世思想”〔1〕。但是,如上述所表明的,斯多葛派自然法思想对于传统罗马法趋向于“善法”的实质性内容上的影响,归纳起来主要在于万民法的建构中所表现出来的“理性”以及“平等”这两点上。罗马的法学家们所孜孜以求的,也就在于找出既符合事物本性与人的理性,同时也符合社会事实与生活境况的法律规则,并将它们落实在罗马实际的法律制度当中。但与古希腊相同的是,自然法当中那种极具革命性的主张,即自然法高于实在法,因而与自然法相悖的法律不是法律,亦即不具有法律效力的观念,在罗马法中也并没有体现。〔2〕

但是在中世纪教父所主张的自然法观念中,自然法的上述革命性主张,却得到了极大的张扬。在阿奎那之前的教义当中,就已经存在世俗的法律之上还存在某种高级法的观念,它是衡量世俗法律的标准,并可使后者归于无效。但中世纪的教会自然法思想,最终是由阿奎那完成了体系化建构的。因此,有学者就指出,阿奎那对于自然法思想的贡献最具原创性。〔3〕 根据阿奎那的理论,整个宇宙就是一个等级体系,每一种生物都依照相应体系内的秩序而生活。而所有的秩序,包括自然秩序与社会秩序,在本质上都是理性的产物,换言之,在其背后实际上都隐藏着某种形式的理性。奠定秩序的是四种不同效力层次以及表现形式的法律,即永恒法、自然法、神

〔1〕 [意]登特列夫:《自然法:法律哲学导论》,李日章、梁捷、王利译,新星出版社2008年版,第21页。

〔2〕 参见[意]登特列夫:《自然法:法律哲学导论》,李日章、梁捷、王利译,新星出版社2008年版,第31页。

〔3〕 参见[爱尔兰]J. M. 凯利:《西方法律思想简史》,王笑红译,法律出版社2002年版,第134页。

法和人法，而不同的法律大致上也代表了不同的理性。(1)永恒法所体现的是上帝的理性，它是上帝运用其神圣的智慧而制定的法律，天地万物都要受永恒法的支配。(2)自然法是作为理性动物的人分享了上帝的永恒理性之后，通过对永恒法的参与而展现出来的法律规则。由于人的本性之中具有一种与其理性相一致的趋吉向善的倾向，所以在自然法当中也就包含了一切有利于保全人类的规则，如保全生命、繁衍后代、追求真理以及维持和平等。(3)神法是经由上帝的启示，由圣经体现或由教会制定的法律规则。它并不是人的理性的产物，而是上帝恩典的礼物。由于人有道德义务在世俗生活之外追求永恒的幸福，所以就有必要在人法与自然法等规范世俗生活的法律规则之外，另有神法指导他去实现这种超验的目标。(4)人法则是人的理性从自然法的相关箴规出发而制定的法律，包括市民法与万民法。

阿奎那继承了亚里士多德的观点，认为人天然就是社会的动物和政治的动物，因此必须要过团体性的、有政治统治的生活。所以，世俗的人法就必须以社会的公共福祉为目标，而且也正是基于公共福祉，人法才获得了法律的效力以及权威。在阿奎那的法律思想中，最为关键的地方在于，他主张人法实则也就是政治国家所制定的法律，在其效力上必须要受所有高级法的制约。具体包括了它不能违背永恒法，阿奎那借用奥古斯丁的观点指出："如果人法不是人们从永恒法得来，那么在人法里就没有一条条文是公正的或合理的。"[1]此外，它也不能违背自然法，"如果一种人法在任何一点与自然法相矛盾，它就不再是合法的，而宁可说是法律的一种污损了"[2]。对于人法，除了在上述两种情况下成为非正义的之外，还包括它违反了政治社会中人们的共同福祉。因此，法律一旦违背了高级法——永恒法或自然法，或者违背了立法的最初目的——公共福

---

〔1〕《阿奎那政治著作选》，马清槐译，商务印书馆1963年版，第111页。

〔2〕《阿奎那政治著作选》，马清槐译，商务印书馆1963年版，第116页。

祉，严格说来它就根本不是法律了，而毋宁说是对于法律的滥用。继而阿奎那主张，“这种法律在任何情况下也可不服从”，[1]因为人的道德义务是服从神，而不是服从人。这种制定法必须要符合高级法，一旦违背了高级法它就归于无效，进而人们也可以不服从它的观念，对于中世纪及其后的世俗法的发展产生了极为深远的影响。换言之，这一思想对于世俗法律必须具有法律所应有的内在品格，亦即必须是“善法”，提供了强大的观念支持，而恶法非法的观念也被普遍接受。

（三）自然权利思想对法律的影响

17世纪的时候，自然法观念发生了一种深刻的转向，主要表现就是有关自然权利观念的强势兴起。此前的自然法学说，以理性的、普适的高级法为主要内容，而其功能在很大程度上说是“消极的”，即主要在于衡量、制约甚至在某种极端情形下否定实在法的内容与效力。而现在，自然法的内容则转向于承认个人具有天赋的各种权利，其功能也日益表现出“积极的”一面，即个人得以据此来对抗其自身之外的所有人，也包括统治者。尽管这的确是自然法在近代所经历的一次极为重要的转向，但不变的地方在于，作为当时人们的一种普遍的世俗信仰，自然权利学说同样为现实社会中的法律变化提供了极为强大的正当性支持。

自然法这一次转向的真正推动者，是荷兰人格劳秀斯，他首次通过权利而不是法则来建构实在的法律制度。格劳秀斯坚称：自然法在本质上是借由对他人所享有的权利而表达出的尊重来维护和平的一种命令。[2] 同时，在他的理论中，自然法已基本脱离了中世纪神学的巨大影响，正如他指出的，“即使上帝不存在，自然法也仍然

---

〔1〕 参见《阿奎那政治著作选》，马清槐译，商务印书馆1963年版，第121页。

〔2〕 参见[爱尔兰]J. M. 凯利：《西方法律思想简史》，王笑红译，法律出版社2002年版，第218页。

不失其效力”,[1]这也标志着近代世俗化自然法思想的兴起。因此,由格劳秀斯开启的自然权利学说,就全然建立在了人类理性的基础之上。正是基于人是理性的存在,人类就能够从理性当中抽象并演绎出一套完整的法律准则,用以指导生活并评判周围环境以及各种事物。由此,自然法也就演进为一种纯粹理性的世俗真理。在登特列夫看来,一旦将人的理性作为所有价值的最终准则,“则要说明社会与政治体制之存在,便只有归因于社会契约一途了”[2]。事实的发展也的确如此,典型如洛克,就是在自然权利的基础之上建构起了他的社会契约理论。正如他在《政府论》当中所主张的,“人类天生都是自由、平等和独立的,如不得本人的同意,不能把任何人置于这种状态,使受制于另一个人的政治权力。任何人放弃其自然自由并受制于公民社会的种种限制的唯一的方法,是同其他人协议联合组成一个共同体,以谋他们彼此间的舒适、安全和和平的生活,以便安稳地享受他们的财产并且有更大的保障来防止共同体以外任何人的侵犯”[3]。

正是通过人的理性,自然权利与社会契约观念紧密地结合了起来,继而深入地影响了西方社会的发展。如18世纪的人们就坚信,生活在自然状态下的人们,可以通过理性来合理地规划他们的社会生活乃至政治生活。而其中的主要方式,就是通过谈判来达成某种形式的“契约”,并借由契约来规定和保障其各种权利,以此来改善他们的生存境况。对此,韦伯就曾准确地指出,17世纪与18世纪所形成的实质理性的自然法,“特别是以‘契约理论’之姿出现,尤其是以此一理论的个人主义的形态出现。据此理论,所有正当的法皆奠

---

〔1〕 参见[意]登特列夫:《自然法:法律哲学导论》,李日章、梁捷、王利译,新星出版社2008年版,第57页。

〔2〕 [意]登特列夫:《自然法:法律哲学导论》,李日章、梁捷、王利译,新星出版社2008年版,第64页。

〔3〕 [英]洛克:《政府论》(下),叶启芳、瞿菊农译,商务印书馆1964年版,第59页。

基于制定(Satzung),而制定本身终归是奠基于理性的赞同。所谓赞同,要不是意味着,第一,实际上,源于自由的个人的真正原始契约,此一原始契约亦将规定将来制定新法的方式;或者就是意味着,第二,理念上,唯有这样的法才是正当的,亦即其内容不会背离通过自由同意所定立的理性秩序的概念"[1]。

而以"社会契约"这种法律形式,来确认和保障人们所享有的自然权利的典型事件,就是两份重要的政治宣言(实则也是法律宣言)——1776年北美的《独立宣言》以及1789年法国的《人权及公民权宣言》。《独立宣言》的第二段就明确提出:"我们认为这些真理是自明的:人人生而平等,他们从他们的造物主那里被赋予了某些不可转让的权利,其中包括生命、自由和追求幸福的权利。为了保障这些权利,才在人们之间成立了政府。政府的正当权力来自被统治者的同意。"[2]在这份宣言当中,制宪者们明确提出了自然权利的主张,此即人们从造物主那里被赋予的那些不可转让的权利;也明确提出了社会契约的主张,此即为了保障自然权利,他们才成立政府,而政府的权力是源于所有被统治者的同意。研究《独立宣言》的著名学者贝克尔就指出,《独立宣言》的历史基础,正是洛克的自然权利哲学,以及他在此基础上所建构的社会契约理论。换言之,正是自然权利学说为这份宣言的签订,以及宣言中的具体主张提供了那个时代无可辩驳的正当性论证。与这份宣言相同,法国的《人权及公民权宣言》也明确宣称人是自由的、人的权利是平等的,人在自由、财产、安全以及对于压制的反抗上享有自然且不能剥夺的权利。宣言同时也主张,所有政治组织的目标就是保护这些自然权利。

无论是古典自然法思想,还是近代转向后的自然权利思想,都对

---

〔1〕［德］韦伯:《法律社会学》,康乐、简惠美译,广西师范大学出版社2005年版,第302－303页。

〔2〕［美］卡尔·贝克尔:《论〈独立宣言〉》,彭刚译,江苏教育出版社2005年版,第4页。

西方社会的法律实践产生了重要的影响,它们在提升法律制度自身品质的同时,也深刻地形塑了人们的法律意识。正是基于人们对于法律的信仰,亦即法律意识,法律制度才成为形塑社会秩序的一种实在的力量。也正基于此,韦伯就曾指出,“自然法是当宗教启示或传统及其担纲者的权威神圣性失去运作力时,仍然留存下来的、法的正当性的特殊且唯一首尾一贯的形式”[1]。

二、形式理性的自然法

(一)形式理性与体系性思维

根据韦伯的观点,自然法思想对于西方法律的巨大影响绝对不限于上述“实质理性”的方面。除此之外,自然法对于西方法律,特别是欧洲大陆法系中的“法创制”(law making)——立法,以及“法发现”(law finding)——司法过程中所独具特色的体系性思维,也产生了极为深远的影响,韦伯称为形式理性的自然法。在他看来,大陆法系传统中的成文法,特别是法典所追求的那种逻辑周延、自足自洽的体系化特征,正是形式理性自然法的固有主张。基于法律制度的体系化特征,在司法过程中法官的自由裁量就可以被最大限度地排除出去,因此在欧陆国家,它也是在形式上保障实行法治,亦即“规则之治”的必要前提。基于同样的原因,它也就成了促使西方社会对于国家所制定的法律制度产生“善法”信仰的重要原因。

按照韦伯的观点,法律之所以是形式理性的,就是实现所谓的“通则化”(Generalisieren),亦即“把决定个案的各种典型理由化约成一个或数个‘原则’,此即‘法命题’”[2]。在法命题——法律规则与法律原则——的基础之上,结合法律关系与法律制度,对法律进行整体的体系化法学建构,正是形式理性自然法的核心诉求。根据韦伯的学术界定,“按照我们现今的思考习惯,体系化意味着:将所

---

〔1〕[德]韦伯:《法律社会学》,康乐、简惠美译,广西师范大学出版社2005年版,第300页。

〔2〕[德]韦伯:《法律社会学》,康乐、简惠美译,广西师范大学出版社2005年版,第26页。

有通过分析而得的法命题加以整合，使之成为相互间逻辑清晰、不会自相矛盾，尤其是原则上没有漏洞的规则体系，这样的体系要求所有可以想见的事实状况全都合乎逻辑地涵摄于体系的某一规范之下，以免事实的秩序缺乏法律的保障"[1]。

大陆法系中的这种体系性思维，最初也发端于罗马时代。原本专注于法律之经验性与实用性建构的罗马法学家，受到斯多葛哲学思想的启发，也试图从原初罗马法极为琐碎的规则当中，提炼出蕴含某种共同人性，亦即理性的抽象原则，并在此基础上建构出一套逻辑结构完整的万民法体系。而能够在智识上为其提供强有力的方法论支持的，也依然是斯多葛派自然法思想。正是经由它，发源于古希腊的辩证法，亦即分析与综合相结合的方法进入了罗马法学家的视野，并被他们运用于罗马法的体系化建构当中，并最终形塑了罗马法的形式结构。根据凯利的观点，古希腊的这种辩证法，其要旨"是指通过分类和第二次分类把材料分为种和属，从而纳入有序的体系中，最终建立区别和相似或亲和性"。[2] 这种方法最初被希腊人运用于语言语法的研究当中，之后为希腊晚期的斯多葛学派所采纳，而罗马的法学家群体作为斯多葛哲学的衣钵传人，自然也继承了这一方法论遗产，并将其创造性地应用于罗马法的研究当中。

关于罗马法的体系化建构，一个非常有说服力的例证，就是古罗马法学家斯凯沃拉(Q. M. Scaevola)的民法论著，他也是最早采用辩证的方法对罗马的私法进行体系化建构的学者。在其作品当中，"民法被划分为4个主要分支：继承法、人法、物法、债法。其中每个分支又进行了再划分：继承分为遗嘱继承和无遗嘱继承；人法分为婚姻、监护、自由人身份、家父权以及其他分支；物法分为占有与非

---

[1] [德]韦伯：《法律社会学》，康乐、简惠美译，广西师范大学出版社2005年版，第27页。

[2] 参见[爱尔兰]J. M. 凯利：《西方法律思想简史》，王笑红译，法律出版社2002年版，第48页。

占有;债法分为契约和不法行为。对这些分类还有更次一级的分类,例如,契约又分为物权契约、买卖契约、租赁契约以及合伙契约,而不法行为又分为殴打、盗窃和损坏财产。在这些每一种都由支配性原则予以定性的种概念和属概念的各种分类之下,法律材料被予以重新整理"[1]。罗马的法学家运用这种方法,经过持续不断的努力,将原本以元老院决议、皇帝谕令、执法官告示以及法学家解释等形式发展起来的,本质上属于"救济手段"的零散法律规则,逐渐整合为一套体系化的抽象规则体系,最终型构为《国法大全》。

(二)共同法中的体系性思维

中世纪的西方世界在罗马法复兴之前,所谓形式理性的自然法思想是悄无影响的,因为在中世纪早期的西欧社会中,法律世界基本上是由日耳曼习惯法、地方法、封建法以及教会法等拼凑而成的,所以这个法律世界在客观上并不存在体系化的要求。伯尔曼也曾指出,"在11世纪以前的西方各民族中,法律不是作为一种独特的调整体系或一种思想体系而存在"[2]。然而在11世纪初,当罗马法经典文本《国法大全》在波伦那大学被发现之后,情况大为改观。

基于对作为"成文理性"(ratio scripta)的罗马法所展示出来的巨大智识优势的无限向往,在世俗大学的积极推动下,几乎在整个欧洲兴起了学习研究罗马法的学术潮流。推动罗马法复兴的是世俗的大学,因此,最初它完全属于一种学术活动。而学者们研究罗马法所采用的所谓"经院主义方法",也依然是源于古希腊的分析与综合相结合的方法。有研究者指出,"这种方法建立在一种预设的前提之上,即认为罗马法文本内部存在本质上的和谐。因此,研究

---

〔1〕[美]哈罗德·J.伯尔曼:《法律与革命:西方法律传统的形成》,高鸿钧等译,法律出版社2008年版,第131页。

〔2〕[美]哈罗德·J.伯尔曼:《法律与革命:西方法律传统的形成》,高鸿钧等译,法律出版社2008年版,第81页。

者应当尽力揭示和证明这种和谐关系的存在"[1]。经由前期注释法学派(Glossators)与后期评注法学派(Commenntators)的持续性学术努力,在系统性地解释和整理罗马法的一系列原则、规则、概念以及结构的基础之上,对其进行了更进一步的体系化建构,并最终形成了欧洲的"共同法"——Jus commune,而这一拉丁语旨在表达的含义,就是普遍适用的法律——common law。共同法被当时的人们认为是最合乎理性与逻辑的社会准则,因而也是适合于所有人的规范体系。换言之,尽管不同地区、国家和民族的风俗习惯或许不同,但在适用的法律上,应该是相同的。

从某种意义上来说,法学家们的这种努力,并不仅仅是重述了罗马法,而是在很大程度上重新塑造了罗马法。就其学术意义而言,它标志着法学最终成为一套客观和完整的知识体系,进而成为一门真正的科学——"法律教义学"(legal dogmatics)。基于体系化的教义学理念,任何一个法律规则的效力都无须接受法律体系之外的经验事实的检验,相反,它只接受法律体系自身的逻辑检验。换言之,借由法律体系内部的逻辑推理,就完全可以解决所有规则的法律效力问题。在伯尔曼看来,法律的体系化,"它意味着可以通过揭示一项法律规则与作为整体的法律制度的原则与概念之间的有机的统一而对它加以验证,对它的有效性加以证明"[2]。因此可以说,欧洲共同法的形成,实质上就是形式理性自然法思想对于欧陆法律体系以及法律思维的重塑。经过此次重塑之后,如下的相关理念,就逐渐成了大陆法系传统中的主流观点:"(1)任何的法律决定皆为抽象法命题之'适用'于具体'事实'上;(2)对于任何具体事实,必然皆能通过法律逻辑的手段而从现行的抽象法命题当中得出决定;(3)因此,现行的客观的法律,必然是法命题的一个'毫无漏洞的'体

[1] [美]塔玛尔·赫尔佐格:《欧洲法律简史:两千五百年来的变迁》,高仰光译,中国政法大学出版社2019年版,第118页。

[2] [美]哈罗德·J.伯尔曼:《法律与革命:西方法律传统的形成》,高鸿钧等译,法律出版社2008年版,第146页。

系，或者潜在内含着这样一个体系，或者至少为了法律适用之目的而被当作是这样一个体系；(4)凡是未能在法学上被理性地'建构'者，即和法律无关紧要；(5)人类的共同体行动全都必须被解释为法命题的'适用'或'实现'，或者反之，解释成对法命题的'违犯'。"[1]换言之，根据法教义学的基本理念，与完整、周延且逻辑自洽的法律体系相对应，形式上的法治，亦即依据法律规则实施的治理，当然就是分析、判断与解决所有法律问题的唯一合法且正当的方式。

(三)法典化运动中的体系性思维

从历史的角度来看，罗马法的复兴是一场真正的复兴(Renaissance)，即它并不单纯是法律学术上的一场变革，它也引起了社会乃至于政治的后续变革。经此复兴之后，人们开始思考、探寻和建构全新的法律制度与规范秩序。自11世纪罗马法的复兴到16世纪末，是所谓的"罗马法的继受时代"，到了18世纪，就开启了"理性法时代"。这个时代的主题就是理性与启蒙，关于启蒙运动所极力张扬的理性的具体内涵，根据恩斯特·卡西尔的界定，"整个18世纪就是在这种意义上理解理性的，即不把它看作知识、原理和真理的容器，而把它视为一种能力，一种力量，这种能力和力量只有通过它的作用和效力才能充分理解……理性最重要的功用，是它有结合和分解的能力。它分解一切简单的事实，分解所有简单的经验材料，分解人们根据启示、传统和权威所相信的一切；不把所有这一切分解为最简单的成分，不把关于这些事物的信念和见解分解为最终因素，它是决不罢休的。分解之后就开始建设。理性不能在这一堆支离破碎的废墟前停步；它不得不从中建立起一座新的大厦，一个真正的整体。但既然理性创造了这一整体，并按自身的规则把各个部分装配到了一起，它就对自己的产物获得了完备的知识。理性理解

[1] [德]韦伯：《法律社会学》，康乐、简惠美译，广西师范大学出版社2005年版，第29页。

这种结构,因为它能按其整体性、按其个别部分的先后顺序再生这一结构"[1]。这种将经验材料进行细致的分解以及再分解,然后再根据理性的原则,将分解后的材料重新整合为一个新的体系化整体的思维方式,与形式理性的自然法思想完全契合。质言之,就理性——形式理性这一主题而言,罗马法的复兴与启蒙运动二者实现"合流"了。

因此,在欧洲的法律实践上,随即开启了沿着这种自然法理念,对各民族的法律制度进行法典化编纂的最初立法活动。而法典化运动的本质要求也就在于,它要将适用于某个法律领域的所有法律规则,都合乎逻辑地安排在一部法律文件当中。质言之,法典化就是对某一特定领域的全部法律规则的"体系化呈现"(systematic presentation)。在这一次法典化潮流中完成其"自然法法典"编纂的,就包括了《普鲁士国家普通邦法》(1796 年)、《法国民法典》(1804 年)以及《奥地利普通民法》(1811 年)等。对于法典化运动,伯格尔(Jean Louis Bergel)就认为,"这种内在于法典的体系化的主要特征,就在于它的'总体结构'(overall structure),即对于实体法而言,它反映了其布局的一致性、整体性与独立性,并且展示了各个组成部分之间的和谐关系"[2]。

而根据形式理性自然法思想中的体系化思维建构实在法的最高成就,无疑是《德国民法典》。该法典以"提取公因式"的方式,第一次完成了由总则、债权、物权、亲属以及继承等五编所构成的潘德克顿体系(Pandekten - system)。对于由该法典所表征的潘德克顿体系,比较法学者大木雅夫曾作过如下的描述:"在法典面前,把通过彻底抽象化而形成的一般规范归纳在一起,也就是以提纲挈领的方式设定了第一编'总则'……'总则'的思想在其他各编中也贯穿始

[1] [德]E. 卡西尔:《启蒙哲学》,顾伟铭等译,山东人民出版社 2007 年版,第 4 页。

[2] Jean Louis Bergel, *Principal Features and Methods of Codification*, Louisiana Law Review, Vol. 48(1988).

终。例如,在'债权法'的结构中,采取了首先设立'债权总则'或'契约总则'的方法。这种方法源出于自然法学,后为历史法学和潘德克顿法学所承袭。"[1]可见,所谓潘德克顿体系或潘德克顿法学,实则就是形式理性自然法所主张的体系化在实在法建构中的具体表现,或许也是其最终形式的表现。也正是基于该体系所表现出的高度的体系化与逻辑化特征,才使《德国民法典》获得了"科学"的名号,它被认为是一台设计精良的"法律计算机",只要输入案件事实,即可自动得出一份客观的裁判结果。

同样地,得益于潘德克顿体系,法律的适用在本质上也就成为一种科学的、客观的技术性操作过程,因为所有的裁判结果都完全是基于法律概念、规则、原则之间的客观、理性的逻辑推演。因此,伯尔曼就认为,"经院派法学家创造了一种法律'科学'"。[2] 而在西方世界经历了启蒙运动之后,人们对于理性与科学的信仰有近乎宗教般的虔诚,它们被称为"自然神"。因此,在大陆法系传统中,将法学(法教义学)和法律(法典)当作一套客观的知识体系以及一门"科学",无疑极大地提升了法学与法律的品质,同时也提升了人们对于它们的普遍信仰。

---

〔1〕 [日]大木雅夫:《比较法》,范愉译,法律出版社2006年版,第201页。

〔2〕 参见[美]哈罗德·J.伯尔曼:《法律与革命:西方法律传统的形成》,高鸿钧等译,法律出版社2008年版,第146页。

第七章　法治中国建设与法治信仰

一、解决重大社会问题

（一）保障国家长治久安

法治权威的确立以及法治信仰的产生，在很大程度上依赖于法治能力的充分发挥。也就是法治能够切实发挥其调控、应对与强制等能力，来解决各种现实的社会问题，以及在此基础上完成其对自身正当化的证成。新中国成立后，法治在解决重大社会问题上展现其固有能力的突出表现，在本书看来，就是它在促进国家治理体系与治理能力现代化，以保障国家长治久安，以及确认并保障市场经济稳定发展上所发挥的基础性作用。当然，几乎与这一系列过程同步，法治自身的确立以及正当化也经历了一个渐进的过程，大致表现为由“刀制”（法制）到“水治”（法治）的艰难演进过程。[1]

新中国的成立，标志着中国法制新纪元的开始。早在1949年2月，中央就发布了《关于废除

---

〔1〕 参见李步云、黎青：《从“法制”到“法治” 二十年改一字——建国以来法学界重大事件研究（26）》，载《法学》1999年第7期。

国民党的六法全书与确定解放区的司法原则的指示》。废除旧法制,不但包括废止旧的法律制度与法律体系,也一并废止了建立在旧法基础上的立法、执法与司法体制。与废止旧法相伴相随,自然也就开启了创建新法制的过程。在1954年颁布《宪法》之前,主要行使立法权的机构是中国人民政治协商会议和中央人民政府。这一过渡时期的主要法制建设成就,是创建了司法组织和其他法律组织,如各级人民法院和人民检察署、公安部、司法部以及负责协调相关法律部门工作的政治法律委员会等,同时也初步建立起了相应的制度。由于新法制是在全面废除旧法统的前提之下着手建立的,所以这一时期的法制建设基本上都是临时性和探索性的。但它对于维护政治秩序与社会秩序,仍然起了非常重要的作用。1954年《宪法》颁布后,新法制的建设就步上了正轨。在《宪法》正式通过之后,第一届全国人民代表大会第一次会议就根据《宪法》,又通过了《全国人民代表大会组织法》《国务院组织法》《人民法院组织法》《人民检察院组织法》《地方各级人民代表大会和地方各级人民委员会组织法》等一系列重要的法律。新法制也确立了新中国的基本政治制度,社会主义法制原则,立法、行政与司法体制,以及人民的各项民主权利与自由等。有学者认为,从1954年9月到1957年,尽管是新法制的奠基期,但仍然是法制建设的一个伟大时期。“它意味着一方面,在理论形态上,新法制初步趋于成熟:法制被看作主导性、权威性社会的有序化模式或制度化机制;国家管理、社会运行及对敌专政都必须遵循社会主义法制原则。另一方面,新法制的粗略模式或宏观轮廓也开始初步确立起来了,新法制进一步发展的方向初步明确化和模式化,从而新法制的制度框架和组织结构开始走上正常发展的轨道。”〔1〕

但此后的一系列政治运动,严重破坏了刚刚建立的法制。特别是“文化大革命”十年内乱,是对社会主义法制的全面破坏和践踏。

---

〔1〕 王人博、程燎原:《法治论》,广西师范大学出版社2014年版,第295页。

正是基于对这一时期各种破坏法制的政治运动的深刻反思，法制建设的急迫性与重要性才凸显了出来。如邓小平在“文化大革命”结束后就曾总结说，“还是要靠法制，搞法制靠得住些”[1]。

1978年召开的中共十一届三中全会，是“文化大革命”结束后决定中国发展方向的一次极为重要的会议，也是新中国法治建设的关键节点。会议回顾了中华人民共和国成立以来各项工作的经验与教训，提出要将工作重点转移到社会主义现代化建设上来。作为现代化建设的重要制度保障，民主和法制问题也成了此次会议的核心议题。会议指出，过去的一个时期内，社会主义民主集中制没有得到真正实行，强调为了保障人民民主，必须加强社会主义法制。会议所确定的法制建设内容主要包括：(1)要使民主制度化、法律化，而且相关制度和法律要具有稳定性、连续性和极大的权威性。(2)宪法规定的公民权利，必须坚决保障，任何人不得侵犯。(3)要保证人民在法律面前人人平等，不允许任何人有超于法律之上的特权。(4)检察机关和司法机关要保持应有的独立性，要忠于法律和制度、忠于人民利益、忠于事实真相。会议特别强调要做到“有法可依，有法必依，执法必严，违法必究”，这也就是后来曾长期指导社会主义法治建设的极为重要的“十六字方针”。三年后，1981年召开的中共十一届六中全会所通过的《关于建国以来党的若干历史问题的决议》进一步指出：要完善国家的宪法和法律并使之成为任何人都必须严格遵守的不可侵犯的力量，使社会主义法制成为维护人民权利，保障生产秩序、工作秩序、生活秩序，制裁犯罪行为，打击阶级敌人破坏活动的强大武器。该决议特别强调：绝不能让类似“文化大革命”的混乱局面在任何范围内重演。执政党的这一系列重大政治决策与重要法治思想，对于改革开放过程中的法治实践，起到了重要的引领和推动作用。

十一届三中全会所确立的党的基本路线，也被1982年的《宪

[1] 《邓小平文选》(第3卷)，人民出版社1993年版，第379页。

法》所确认,由执政党的政治共识进一步上升为国家意志,从而极大地推动了法治的发展。正如梁治平先生指出的,"1978年以后,伴随着立法和司法制度的重建,法律教育、法学研究的恢复,全社会的法律意识,尤其是公民权利意识也开始生长,在此过程中,'法治'(而不是'法制')的概念逐渐凸显,得到越来越多的社会认同,最终为执政党所接受和吸纳"[1]。

1997年召开的中共十五大,是法治建设的第二个重要节点。因为在执政党的最高政治文件当中,第一次历史性地明确提出了"依法治国,建设社会主义法治国家"的战略目标。自此,"社会主义法治"就完全取代了"社会主义法制"的传统提法。但这次会议的重要意义远不止此,它还体现出了执政党对于法治的价值与功能的更为深刻的认识。会议强调了依法治国是党领导人民治理国家的基本方略,是发展社会主义市场经济的客观需要,是社会文明进步的重要标志,也是国家长治久安的重要保障。会议还确定了法治建设的目标任务,提出到2010年形成有中国特色的社会主义法律体系。在此次会议上,还第一次提出了"尊重和保障人权"的原则。在1999年召开的九届全国人大二次会议所通过的宪法修正案当中,完全采纳了党的十五大关于法治的表述,"中华人民共和国实行依法治国,建设社会主义法治国家"正式载入了《宪法》。由此,就为实行法治提供了"根本法"最高效力的规范性依据。在2004年召开的十届全国人大二次会议所通过的宪法修正案当中,又将"国家尊重和保障人权"载入了《宪法》。依法治国与保障人权的相继"入宪",标志着中国特色社会主义法治道路的形成。此后召开的历次中共代表大会,几乎都对法治建设做出了具体部署。如在中共十六大上,就将全面落实依法治国作为全面建设小康社会的重要目标,还进一步提出坚持党的领导、人民当家作主与依法治国三者有机统一的社会主

---

[1] 梁治平:《论法治与德治:对中国法律现代化运动的内在观察》,九州出版社2020年版,第7-8页。

义法治建设原则。

2012年召开的中共十八大，确定法治是治国理政的基本方式，强调要更加注重发挥法治在国家治理与社会管理中的重要作用，全面推进依法治国。会议还明确提出了指导法治建设的“新十六字方针”，即“科学立法、严格执法、公正司法、全民守法”。与此前“有法可依，有法必依，执法必严，违法必究”的“旧十六字方针”相比较，其明显的进步在于：首先，“新十六字方针”是对法治建设“全过程”的指导。方针涉及了法治运行的所有关键环节，包括了法律的制定、执行、适用和遵守等完整的过程。其次，“新十六字方针”是对法治建设的“全主体”的指导。方针所确定的法治建设任务主体不仅涵括了立法、行政与司法等国家公权力机关，也涵括了除此之外的所有社会主体，因为“全民”都负有“守法”的当然义务。最后，“新十六字方针”体现了对“实质法治”的要求。方针要求科学立法、严格执法、公正司法以及全民守法，实际上就是要求法治建设要在“良法”的基础之上，实现“善治”的最终效果。指导法治建设的“新十六字方针”，非常鲜明地体现出执政党对于法治认识的不断深化，以及法治建设的持续推进，从原先主张的更侧重于形式意义的法治，转而追求更具实质意义的法治。而法治建设的这种转向，也更有利于获得人们对于法治的普遍认可以及信仰，从而增强其自身的正当化能力。

两年之后召开的中共十八届四中全会，是历史上首次将“法治”作为唯一议题而召开的中央全会，体现了执政党对于法治建设的高度重视。本次会议将法治提高到关涉国家治理体系和治理能力现代化的高度作了全面部署，因此，它也是法治中国建设过程中的第三个关键节点。会议通过的中共中央《关于全面推进依法治国若干重大问题的决定》，确定了全面推进依法治国的指导思想、总目标、基本原则、总抓手与基本任务，规划了法治工作的基本格局，也回答了坚持党的领导与实行依法治国的关系等一系列重大问题。该决定着重强调要“全面推进”依法治国，总目标是建设中国特色社会主义法治体系,建设社会主义法治国家。

该决定重新阐述了有关法治建设的一些旧的重要原则,如党的十八大首次提出的法治建设的“新十六字方针”,以及十八届三中全会首次提出的“坚持依法治国、依法执政、依法行政共同推进,坚持法治国家、法治政府、法治社会一体建设”的原则等。但该决定也提出了一些关于法治建设的全新内容,如首次提出了“法治体系”的概念。这个提法标志着执政党在总结过去法治理论研究以及法治实践经验的基础上,对于法治认识的系统化和理性化的升华。所以,建设社会主义法治体系,从形式上讲,是关于中国特色社会主义法治建设任务的一种体系完整、逻辑周延、内容全面的设定和安排,从实质上讲,就是要实现形式法治与实质法治的和谐统一。法治体系是法治建设的“总抓手”,具体来讲,就是要:(1)形成完备的法律规范体系。法律规范体系是法治的前提,所以必须坚持立法先行,同时提高立法质量,坚持科学、民主和依法立法,以良法促进善治。(2)形成高效的法治实施体系。法治实施体系的核心内容是执法、司法与守法,要通过严格执法、公正司法和全民守法来推进法治实施。(3)形成严密的法治监督体系。要不断完善国家机关监督、民主监督、群众监督和舆论监督等监督形式,形成全方位全过程的法治监督体系,发挥监督的整体效能。(4)形成有力的法治保障体系。要建立和完善对法治的政治、组织、思想、人才以及科技与信息等方面的保障措施,形成强而有力的法治保障体系,为法治建设提供基本的支撑。(5)形成完善的党内法规体系。党内法规既是治党管党的重要依据,也是党领导法治建设的重要制度支撑,因此必须构建起内容科学、程序严密、配套完备、运行有效的党内法规体系。因为该决定的重点在于“全面推进”依法治国,所以它所提出的法治建设的具体举措,据统计有186条之多,因而也是迄今对法治建设最为全面、也最为系统的政策阐述与实际部署。

从1978年十一届三中全会正式开启社会主义法治建设,历经40多年的法治发展,基本的趋势就是法治在整个国家与社会治理中的意义与作用日益重要。在这个历史过程中，法治也的确展现出了它在维护社会稳定、增强社会活力、促进社会公平正义以及确保国家长治久安中所发挥的重要引导和规范作用。同时，上述法治能力的充分发挥，也极大地促进了人们对于现代法治观念的接受，人们已经普遍地认识到，法律既是维护自身权益的最权威手段，也是必须严格遵守的刚性行为规范。

（二）保障市场经济发展

法治在解决重大社会问题上展现其固有能力的另一个重要方面，就是它在确立和保障社会主义市场经济上所发挥的重要作用。新中国成立后，实行的是典型的计划经济模式。其主要特点，就是否定市场在资源配置中的主导作用，利用行政手段来配置各种资源。因为在计划经济体制下，生产资料不是商品，不允许自由买卖，所以必须由政府根据计划进行调拨。长期实行的计划经济，造成了国民经济比例严重失调，也直接破坏了社会生产力。改革开放前，国家也在政策上进行过多次调整，但一直没有从根本上解决问题。

党的十一届三中全会之后，对于如何改革计划经济体制大致形成了两种不同观点：一种认为社会主义经济也是商品经济，所以应当按照商品经济的基本规律来改革经济体制；另一种则认为社会主义经济仅在一定范围内存在商品经济，所以只能在坚持计划经济体制的前提下，一定程度上发挥市场调节的作用。尽管两种观点之间存在明显的分歧，但对于计划体制的坚持也的确有所松动。1982 年召开的中共十二大强调国民经济实行“计划经济为主，市场调节为辅”的原则，两年后召开的十二届三中全会通过的中共中央《关于经济体制改革的决定》，进一步提出要实行“有计划的商品经济”。此后，在经济领域中市场调节的部分逐步扩大，实行计划管理的部分也逐步缩小了指令性计划的范围，而扩大指导性计划的范围。但是对于计划与市场的关系，并未彻底厘清。1987 年召开的中共十三大，对计划与市场在经济中的关系作了一种调和，会议强调计划和市场的作用范围都是覆盖全社会的。新的经济运行机制总体上来说应当是“国家调节市场,市场引导企业”的机制。国家运用经济手段、法律手段和必要的行政手段调解市场供求关系,创造适宜的经济和社会环境,以此引导企业正确地进行经营决策。此次会议并没有解决有关计划和市场关系的争论,但关于“国家调节市场,市场引导企业”经济运行机制的表述,却把市场调节的作用提到了新的政策高度。直到1992年召开的中共十四大,才明确提出“我国经济体制改革的目标是建立社会主义市场经济体制”。1993年召开的八届全国人大一次会议通过的宪法修正案,将“国家实行社会主义市场经济”正式纳入宪法。

市场经济的最终确立,为法治的发展提供了重要契机。法学界首先提出了“市场经济是法治经济”这一经典命题,[1]此后,这种对市场经济的定性成为一种普遍的社会共识。此前的计划经济体制,主要依靠政府的各种行政手段来管理经济。现在的市场经济体制,则必须要依靠法律,以法治的方式来引导和规范所有市场主体包括政府的行为。因此,几乎与市场经济的发展同步,法治建设也获得了长足的发展。突出的表现就是:(1)现代法律体系逐步建立起来。在计划经济体制下,调控经济的主要手段是政府的各种计划,实际上就是政策。但是在国家确定实行市场经济之后,与其直接相关的市场经济法律体系的建立与完善,自然就成了法治建设的重点。因此,从20世纪90年代开始,下列领域的法律制度建设就尤为突出:①有关市场主体的法律,如公司法以及各种企业法等;②有关市场行为的法律,如合同法、证券法以及担保法等;③有关市场秩序的法律,如反不正当竞争法、消费者权益保护法以及产品质量法等;④有关宏观调控的法律,如价格法、各种金融与税收法律等;⑤有关劳动与社会保障的法律,如劳动合同法、社会保险法等。市场经济法律体系,也构成了中国特色社会主义法律体系的重要组成部分。

---

〔1〕 参见董安生:《社会主义市场经济是法治经济》,载《法学家》1993年第1期;文正邦:《论现代市场经济是法治经济》,载《法学研究》1994年第1期。

(2)权利意识逐渐确立起来。在计划经济体制下,政府通过各种计划,包括指令性计划和指导性计划事先规定了人们的生产与生活。人们可以自主选择或者自主决定的事项很少,所以权利意识自然也受到了抑制。市场经济却大不相同,因为市场经济必须建立在市场主体法律地位平等的基础上,所以就必须通过法律确立并保护各类市场主体的法律人格;而市场经济的运行又主要是以各种契约的方式来进行的,所以通过法律对契约当事人的财产权以及经营权等相关权利的确认与保护,自然就成了发展市场经济的必要前提。法律对于各类市场主体的人格权与财产权等权利的确认和保护,极大地促进了全社会权利意识的普及。(3)诉讼意识逐渐确立起来。在计划经济体制下,资源是由政府调配的,因而经济活动中所产生的纠纷,也主要是由政府部门负责解决的。但在市场经济中,既然提倡市场主体的自由竞争与平等竞争,竞争中产生各类纠纷也是正常的经济现象。与上述权利意识相关联,在经济纠纷发生后,市场主体也更愿意通过中立的司法程序来解决纠纷,并维护自己的权益。(4)权力受制约的意识逐渐确立起来。在计划经济体制下,企业并不是独立的经济组织,政府可以下达计划干预企业的生产经营,也可以直接调配企业的物资。但在市场经济体制下,所有的市场主体,包括自然人、法人以及非法人组织等,都具有法律上的相应主体资格。它们按照法律的规定从事生产和经营并受到法律的保护,公权力机关也必须按照法律的规定对市场主体的相关行为进行规范和监管,不得越权实施干涉。

所以,法治在保障市场经济有序健康发展的过程当中,也获得了自身的发展。主要的表现就是现代法律体系逐渐建立并完善起来,同时,相应的法治意识也在社会中逐渐确立起来。

二、确立权力制约机制

(一)宪法法律制约机制

将权力关进制度的笼子里,当然是法治中国建设中的一项重要内容,也是法治的主要目标之一。在中共十八届三中全会通过的中共中央《关于全面深化改革若干重大问题的决定》中,“强化权力运行制约和监督体系”是核心议题之一。文件提出:坚持用制度管权管事管人,让人民监督权力,让权力在阳光下运行,是把权力关进制度笼子的根本之策。必须构建决策科学、执行坚决、监督有力的权力运行体系,健全惩治和预防腐败体系,建设廉洁政治,努力实现干部清正、政府清廉、政治清明。十八届四中全会通过的中共中央《关于全面推进依法治国若干重大问题的决定》更明确地指出:必须以规范和约束公权力为重点,加大监督力度,做到有权必有责、用权受监督、违法必追究,坚决纠正有法不依、执法不严、违法不究行为。

在法治与国家公权力之间,存在极为密切的关联,在当代中国的法治语境下,公权力几乎涉及法治建设的所有环节。例如,立法、执法和司法,本质上都是行使国家公权力的行为,即使是守法,也当然包含了国家公权力机关以及公务人员遵守法律。法治的实行,离不开国家公权力,如果没有公权力的保障,法治很可能就成了一纸空文。但同时,法治的实行又需要有效地制约公权力,防止权力的滥用。历史经验已经充分证明,任何不受限制的专断权力,都必然会破坏法治。因此,在法治建设中,就必须通过建立并不断完善相应的制度设计,来规范和制约各种公权力。例如,在指导法治建设的“新十六字方针”中,所谓的科学立法、严格执法和公正司法,就分别是对行使相应国家公权力的立法机关、行政机关与司法机关的要求与限制。而“新十六字方针”中最后一项所提及的全民守法,当然也包括了对公权力机关及其公职人员在遵守国家宪法和法律上的硬性要求。

在现代国家的治理当中,对国家公权力的制约主要是通过宪法(这里指“部门法”意义上的宪法)上的相应制度安排来实现的,中国自然也不例外。有学者曾主张说,“在宪法的最高约束之下,权力部门间的相互制约,是法治的最重要的价值要求。法治的价值表明:权力的法律(宪法)约束、权力间的相互约束以及权力的其他制约方式是多方面的,但最重要的是上述两个方面。实现权力的制约,是实现法治的制度性基础"[1]。如果从学理上进行归纳的话,宪法对权力的制约,大致体现为如下制度体系的构建与不断完善:(1)权力渊源制度,即国家公权力从何而来的制度规定。宪法的这个制度规定尽管内容很简单,但意义却非常重要。因为它涉及对权力进行制约与监督的正当性基础,以及其后的相关制约权力的具体制度安排。如我国的《宪法》规定了"中华人民共和国的一切权力属于人民。人民行使国家权力的机关是全国人民代表大会和地方各级人民代表大会"。正是在这个宪法规定的基础上,才有了国家行政机关、监察机关、审判机关、检察机关都由人民代表大会产生,对它负责,受它监督的相应制度安排。(2)权力构成制度,即国家公权力在宪法上分别如何构成的制度规定。如根据我国宪法,国家公权力从性质和功能上分为了立法权、行政权、监察权与司法权(包括审判权与检察权)。正是基于宪法上的这种分类,在其后的相关"组织法"中,分别对相应的公权力机关的产生以及职责等做了更为细致的规定。(3)权力运行制度,即不同的公权力机关行使权力的程序性制度规定。(4)权力责任制度,即在国家公权力的行使中,由于违反实体法或者程序法的规定,而应承担相应法律责任的制度规定。(5)权力制约与监督制度,即宪法中对各种公权力以及公权力机关之间的制约以及监督关系的制度安排。如我国宪法赋予全国人民代表大会及其常委会的选举权、罢免权、监督权以及撤销权等,就是对行政机关、监察机关、审判机关与检察机关的制约与监督。

我国宪法对公权力的制约,大致采用了纵向制约与横向制约相结合的模式。所谓纵向制约,具体包含了两个层面的制约:首先是行政权、监察权与司法权要受到代表人民行使权力的国家权力机关——人民代表大会的制约与监督;其次则是在每一种权力内部,上级机关对下级机关的制约与监督。而所谓横向制约,则是立法

---

〔1〕 王人博、程燎原:《法治论》,广西师范大学出版社2014年版,第130页。

权、行政权、监察权与司法权之间,依照法律而产生的制约与监督关系。当然,实际运行的权力制约机制要更为复杂,而且也在不断完善。例如,对监察权以及国家监察机关的设定,就是在总结前期反腐工作经验的基础上,在2018年十三届全国人大一次会议通过的宪法修正案中完成的。

(二)党的领导与党规制约机制

对于公权力的制约,是一个政治以及法治实践方面的重要问题,并不是单纯的学理上的问题。因此,具体的权力制约的结构或者体制,必须要结合一国的国情并符合其国情,唯其如此,才能够发挥其最大的制度效能。在当下中国的法治实践中,制约各种公权力并保障法治实施的另一个重要的机制,就是执政党的领导以及党法党规的约束。首先,从党的领导来讲,中共中央《关于全面推进依法治国若干重大问题的决定》指出,党的领导是社会主义法治最根本的保证,要把它贯彻到法治建设的全过程,必须坚持党领导立法、保证执法、支持司法、带头守法。党对法治建设的领导从内容上来讲,自然也包含了党对立法、执法、司法等本质上属于公权力运行活动的监督与制约。当然,因为党要依法执政、要带头守法,所以对于相关权力的制约与监督也必然是在法治的前提下进行的,换言之,是在遵守宪法法律与党法党规的前提下实施的。其次,从党规的约束来讲,党内法规不但是管党治党的重要依据,同时也是建设社会主义法治国家的有力保障;党的纪律是党内规矩,党规党纪严于国家法律。因此,对于掌握和行使国家公权力的党员干部来说,除了受国家层面的宪法和法律的约束之外,还要受党规施加的约束。而且随着党内法规体系的不断完善,其实际的执行力也更为突出。如中共中央《关于全面推进依法治国若干重大问题的决定》就明确要求:各级领导干部要对法律怀有敬畏之心,牢记法律红线不可逾越、法律底线不可碰触,带头尊法守法,带头依法办事,不得违法行使权力,更不能以言代法、以权压法、徇私枉法。因此,"党纪国法"的双重约束,更有利于实现对各种各级公权力的制约与监督。

从法治的历史来看，有效制约公权力是其所面临的重大难题之一。因此，运行有效的权力约束机制可以极大地提高法治的权威，进而确立起人们对于法治的坚定信仰。在法治中国建设中，我们既通过宪法实行了“以权力制约权力”的传统制约模式，也根据自己的国情和政治优势，采取了党的领导和党规约束这种极富中国特色的权力制约模式。实践也充分证明了，在这种复合模式下，更有利于实现对公权力、公权力机关以及掌握和行使公权力的公职人员的有效制约。换言之，更有利于将权力关进制度的笼子。

三、确立权利保护机制

（一）立法、行政与司法保护

法治的重要功能之一就是保护权利，而法治在保护权利上所实际展现出来的法治能力，也是促成法治信仰的重要制度性因素。在西方的法治语境下，承担权利保护职责的是法院与法官。与它不同，在中国的法治语境下，权利的保护职责几乎被分配给了所有的公权力机关。所以在学理上，也就有所谓对权利的“立法保护”、“行政保护”以及“司法保护”的传统表述。但严格来看，这种保护机制是有分工的，立法仅仅为“权利保护”提供了制度或者说规则，它通常并不负责具体的和个案化的权利保护。而负责将立法机关所制定的有关“权利保护”的抽象法律规则运用到具体的个案当中，实实在在地保护权利的，是司法机关和行政机关。而且这两个机关，都依法负有解决纠纷保护权利的职责，同时，也都依法具有相关的制度措施。对司法机关来讲，措施主要就是审判和调解；对行政机关来讲，其措施则包括了行政调解、行政仲裁、行政裁决以及行政复议等。而且在当下的“法治政府”建设中，重点任务之一就是健全社会矛盾纠纷的行政预防、调处与化解体系。目的就在于有序推进行政机关与司法机关在解决纠纷中的“有效衔接”的问题，以进一步发挥行政机关在解决纠纷与保护权利上的“分流阀”作用，提高纠纷解决的效率，依法保护权利并促进社会公平正义。当然，在法治实践当中，对于权利的保护，还是以司法机关——法院为主，因为根据其职责定性,它是解决纠纷、保护权利的专门机关。

(二)司法公正程序的保障

司法机关履行职责的最根本的要求,就是公正司法。所谓公正司法,其实质性要求就是受到侵害的权利必须得到保护与救济,违法行为必须受到制裁和惩罚。公正司法的实现必须要有相应的制度保障,自党的十八大以来进行的司法体制改革,就是以建设公正高效权威的司法制度为目标,以提高司法公信力为根本尺度,并以让人民群众在每一个司法案件中感受到公平正义为检验标准。其大致的举措包括:(1)完善司法机关依法独立公正行使审判权的制度。司法活动应坚持"让审理者裁判,由裁判者负责",完善主审法官、合议庭办案责任制,落实谁办案谁负责,谁决定谁负责。为了保障依法独立公正审判,实行了领导干部干预司法活动、插手具体案件处理的记录、通报与追责的制度和司法机关内部人员过问案件记录追责的制度。(2)推进严格司法。司法活动应坚持以事实为依据、以法律为准绳,办案过程符合程序公正,办案结果符合实体公正。(3)推进司法公开。建立阳光司法机制,落实审判公开,应依法及时公开司法依据、程序、流程、结果以及生效法律文书等。(4)加强对司法活动的监督。包括完善检察监督,以及人民监督员制度等。(5)强化办案责任制。明确司法人员的工作职责、流程以及标准,实行办案质量终身负责制以及错案责任倒查问责制,司法人员在法定职责范围内对办案质量终身负责。上述诸项也是"司法责任制"改革的核心内容,其目的也就是保证司法公正,提高司法的公信力。

(三)"三个效果的"统一

在司法机关依法处理纠纷的过程中,对当事人的权利提供相应的法律保护,当然是其工作的基本出发点,但并不是其处理纠纷中的唯一考量。此前的司法实践曾强调要实现"法律效果与社会效果的有机统一”,[1]而当下的纠纷处理强调的是司法要实现“政治效果、法律效果与社会效果的有机统一”。[2] 换言之,纠纷处理既要落实对当事人权利的保护和救济,即实现个案公正;也要追求纠纷解决的政治与社会整体效益,即实现社会公正。实质上也就是要通过纠纷解决,实现传统意义上“治”的客观效果,即社会关系的和谐以及社会秩序的稳定。

尽管对于此类“统一论”,学界也曾有过严厉的批评,[3]但实际上它却有着非常深厚的历史传统,而且也与我们当下的基本国情,即城乡二元制社会结构之间存在相当程度的契合关系。毕竟,对于在熟人社会里所发生的纠纷,当事人所看中的,换言之对他们有意义和价值的,除了“权利”之外可能还有人情、关系以及脸面等。[4] 换言之,他们的生活世界,可能并不是“权利本位的”,反而在很大程度上是“社会本位的”。在这种前提下,司法所追求的法律效果与社会效果的统一,实际上更有利于获得社会的认同。当然,这种“统一”,不是也不应当是司法机关单方面强制的结果,它的正当性或者说公信力,应当建立在“坚持人民主体地位”这一法治原则的基础之上。换言之,它是司法机关保障人民群众参与司法,在诉讼的三方结构下,由司法机关与双方当事人通过纠纷解决的法律程序合法导出的结果。

而法院所具有的“调解”职能,也正好可以满足司法的这种要求。如黄宗智先生所指出的,在司法实践当中,“调解依赖的是关乎应然的道德准则,而不是合法与否的法律原则。它关心的是德行,

---

〔1〕 参见熊选国:《认识和把握人民法院审判工作 实现法律效果和社会效果的有机统一》,载《人民法院报》2008 年 10 月 7 日,第 5 版。

〔2〕 参见石经海、金舟:《实现“三个效果的统一”有赖于科学的法律适用》,载《人民法院报》2019 年 12 月 26 日,第 6 版。

〔3〕 参见陈金钊:《被社会效果所异化的法律效果及其克服——对两个效果统一论的反思》,载《东方法学》2012 年第 6 期。

〔4〕 参见金星:《迈向叙事的权利观——以一部电影为例对权利之客观性的反思》,载《法制与社会发展》2005 年第 2 期。

不是法律条文。它追求的是'和谐'理念,不是权利和其保护。它的目的是通过互让来解决纠纷,不是确定法律上的对错。它期盼的是通过人们的'让''忍'等美德来建构更好的道德社会,而不简单是禁止和惩罚非法行为"[1]。

〔1〕 黄宗智:《中国的新型正义体系:实践与理论》,广西师范大学出版社2020年版,第90-91页。

第八章　二元法律文化冲突的解决之道

一、法律制度与法律意识的同构

(一)同构的意义

关于法治中国建设中的法律意识冲突问题,前文已经阐明,它主要是传统与现代二元法律文化并存的局面导致的,这也是外源型法制现代化国家普遍存在的问题。法制现代化转型过程的持续推进,使这两种法律文化在制度文化与观念文化的同构性上,都出现了程度不同的“同构性不足”的问题。而法律文化之所以能在形塑社会秩序上发挥作用,正是建立在法律制度与法律意识的同构性这一基本前提之上的。换言之,外在的规范人们行为的法律规则,与内在的指引人们实施具体行为的法律意识必须是“同构”的,才可以互相支撑,并作为整体的法律文化来形塑社会秩序。任何一种法律文化,如果其法律制度与法律意识的同构性不足,法律文化就必然是残缺的,也必然会影响它在法治中的实际作用。所以,解决问题的基本思路,就是通过有效途径来持续推动,并最终实现传统与现代两种法律文化各自的制度文化与观念文化的同构，从而使两种法律文化在法治秩序的建构中发挥其应有的规范性作用。而这个问题的解决，也是中国法制现代化转型最终完成的重要标志。

研究现代化转型的著名学者金耀基先生曾指出，“中国现代化运动的‘文化再造’工作，将是一项理性的‘抉择’，亦即通过文化分子个体与团体的‘创新’‘批判’的过程，而达成一成功的‘选择性的变迁’。此项‘选择性的变迁’在某种可能的自由范围内，将有四种主要的抉择：(1)接受某些新的文化质素；(2)拒斥某些新的文化质素；(3)保留某些传统的文化质素；(4)扬弃某些传统的文化质素。质言之，中国现代化运动的‘文化再造’工作，乃是要在新、旧、中、西的四个次元中，抉择其可能(而不仅是应当)抉择的文化质素，以创造一‘运作的，功能的综合’”[1]。而中国的法制现代化转型，从这个意义上讲，实则就是一个“法律文化再造”的过程。针对传统与现代两种法律文化，从制度文化与观念文化的角度辩证地分析其相互间的具体关联，进而完成两个可谓“交叉同在”的转化，即将现代法律文化最终转化为中国的，同时将中国传统法律文化转化为现代的，最终实现传统与现代法律文化在制度文化与观念文化的同构。必须要经过这一创造过程，自近代以来所开启的法制现代化转型才得以最终完成，也才能真正建立起法治中国。

(二)同构的路径

本书前面曾分析过，对于传统与现代两种法律文化，如果从法律制度与法律意识的具体关系上来考察，大致可以归纳为以下三种不同情形：(1)彼此和谐一致。这种一致，既包括传统法律意识与现代法律意识以及法律制度一致肯定的情形，也包括它们一致否定的情形。(2)彼此积极冲突。这种冲突，既包括传统法律意识肯定，但现代法律意识与法律制度否定的情形，也包括传统法律意识否定，但现代法律意识与法律制度肯定的情形。(3)彼此消极冲突。这种冲

〔1〕 金耀基：《中国文明的现代转型》，广东人民出版社2016年版，第58页。

突,既包括传统法律意识没有涉及,但现代法律意识以及法律制度涉及的情形,也包括传统法律意识涉及,但现代法律意识与法律制度没有涉及的情形。[1]

基于对二元法律文化在制度文化与观念文化上具体关系的如上基本认识,本书也大致给出了解决相关"文化冲突"的基本路径:(1)对于彼此和谐一致的情形,可以探讨如何通过有效的措施,来进一步推动形成法律意识与法律制度之间相互支撑进而彼此促进的良性法治格局。(2)对于彼此积极冲突的情形,基于实际情况的复杂性,应予区别对待。①对于传统法律意识肯定,但现代法律意识与法律制度否定的情形,应当研究如何通过更为有效且可行的措施来促进传统法律意识的转化与更新,以降低法治秩序建构中因上述冲突而导致或增加的社会成本。②对于传统法律意识否定,但现代法律意识与法律制度肯定的情形,则应当探讨如何建立并且完善相应的社会自治机制,从而为社会成员自主的行为选择以及相应的秩序建构提供可能与合适的制度空间。(3)对于彼此消极冲突的情形,也应视具体情况的不同而区别处理。①对于传统法律意识未有涉及,但是现代法律意识与法律制度却涉及的情形,应当考虑如何进一步在社会成员当中培养起现代法律意识,从而为现代法律制度发挥其规范效力提供相应的观念支撑,进而提高其在社会秩序建构中的实际作用。②对于传统法律意识涉及了,但现代法律意识与法律制度却没有涉及的情形,则应当探讨如何在传统法律意识的基础上,积极促进作为"非正式法律制度"的传统法律制度有效且合理产生的社会机制,从而促进传统法律文化在形塑社会秩序上发挥积极

---

[1] 前文的分析已经说明,对于传统法律文化而言,其制度文化部分——传统法律制度随着法制现代化的推进,从严格意义上的"法律"来讲,已经不复存在了。所以,这里只能探讨传统法律意识与现代法律文化(包括法律制度与法律意识)之间的关系。当然,在后面的论述中,基于传统法律文化在制度文化与观念文化上的同构性要求,本书也会探讨传统法律制度以何种形式"再生"的问题。因为传统法律文化必须完成制度文化与观念文化的同构,才能对法治真正发挥作用。

作用。通过上述的“同构”过程,传统法律文化与现代法律文化都能够以完整的文化形态助力法治秩序的建构,同时,也大致解决了二元法律文化之间的冲突问题。

二、现代法律意识的普遍确立

(一)以“善治”促进法律意识

就现代法律文化来看,制度文化与观念文化同构性不足的问题,主要表现在观念文化部分,因为就制度文化而言,现代法律制度已经基本建立起来了。在2011年3月召开的十一届全国人大四次会议上已经正式宣布,中国特色社会主义法律体系已经形成。因此在制度文化上,只是一个与时俱进、持续完善的问题。如当下的法治建设中所强调的加强重点领域的立法,就是明显的体现。但是与现代法律制度相匹配的现代法律意识,如主体(公民或自然人)意识、平等意识、权利意识、契约意识、诉讼意识以及程序意识等,尽管在经历了40多年的法治建设之后,也的确有了很大的进步,但与制度文化与观念文化“同构性”的内在要求相比较,仍然存在很大的不足。如中共中央《关于全面推进依法治国若干重大问题的决定》就明确指出:部分社会成员尊法信法守法用法、依法维权意识不强,一些国家工作人员特别是领导干部依法办事观念不强、能力不足,知法犯法、以言代法、以权压法、徇私枉法现象依然存在。因此,就仍需在现代法律意识的培养和普遍确立上持续努力,以完成现代法律文化在制度文化与观念文化上的同构。基于前文对法律意识形成机制的分析,就是要通过工具主义与规范主义两种路径,换言之,也就是要通过“善治”与“良法”来形塑社会成员普遍的现代法律意识或法治意识。

依循工具主义路径,就是要通过法治能力在相关领域的充分发挥,来进一步提升法治的权威,进而塑造和提升社会成员相信法治、依靠法治的基本信念。依照指导法治建设的“新十六字方针”来讲,也就是通过“严格执法”与“公正司法”,来进一步促成“全民守法”,而这也正是当下法治建设的主要任务与根本目标。前文对中外法治信仰的分析也表明，法治能够回应社会的需求并解决重大问题，以及法治能够规范和制约各种公权力的行使，最终达成“善治”的实际效果，的确可以提高法治的权威，也的确有助提升法治信仰。

就“严格执法”来讲，就是要求国家行政机关以及法律授权或者委托的社会组织及其公职人员，严格按照宪法法律的规定行使管理职权。行政权行使的整个过程必须符合法律、法规、规章以及其他规范性文件的要求，不但要做到实体合法，而且要满足程序合法。在国家公权力当中，行政权的特殊性在于：首先，行政权的内容具有广泛性，涉及了政治、经济、文化、社会以及生态环境等所有领域，而且随着社会的不断发展，行政权的范围也在进一步扩大。其次，行政权是一种最普遍地直接针对相对人，亦即各类社会主体行使的权力，行政机关也是与群众日常接触最多的国家机关。最后，行政权还是一种主动性权力，行政机关及其公职人员在执法活动当中，通常都是依据单方意志主动实施的。基于以上特点，对于行政权的严格规范就成了法治的一项重要任务。在法治中国建设所坚持的“共同推进、一体建设”的方针里，也就特别强调了“依法行政”以及“法治政府”建设，其主旨，也就是保障实现“严格执法”。

从理论上讲，规范行政权的行使以保证严格执法的措施，有合法性原则、合理性原则、诚信原则、效率原则、程序正当原则以及权责统一原则等。从当下具体的制度设计上来看，就包括：(1)坚持严格规范文明执法，包括完善执法程序，全面推行行政执法公示制度和执法全过程记录制度，方便接受各方监督；实行重大执法决定法制审核制度，保障执法行为的合法性；建立健全行政裁量基准制度，严格规范行政自由裁量权等。(2)强化对行政权的制约监督，构建科学有效的行政权制约与监督体系，包括加强党内监督、人大监督、民主监督、行政监督、司法监督、审计监督、社会监督以及舆论监督等，以及与制约和监督相配套，完善相应的纠错与问责机制等。(3)推进政务公开，包括决策公开、执行公开、管理公开、服务公开以及结果公开等，让行政权力规范透明运行，接受全社会的监督。(4)落实行政执法责任制,执法行为构成违法的,依法严格追究相关人员的法律责任。

就"公正司法"来讲,主要措施就是落实司法责任制,以及加强人权的司法保障。司法责任制是司法体制改革的"牛鼻子",也是保障司法公正,提高司法公信力的关键。其主要内容,就是围绕保障司法机关依法独立公正行使司法权,坚持以事实为依据、以法律为准绳严格司法,坚持谁办案谁负责、谁决定谁负责,以及加强对司法活动的监督等方面做出的相关制度性安排。其主要内容前文已经述及,故不再赘述。这里仅就加强人权司法保障进行探讨。

尊重和保障人权是我国宪法所规定的一项重要原则,通过司法权的运行来实现对人权的保障以及救济,无疑会提高司法的公信力。加强人权司法保障的主要措施包括:(1)保护诉讼当事人与诉讼参与人的各项诉讼权利,如知情权、陈述权、辩论权、辩护权、申请权以及申诉权等。(2)保障刑事诉讼中被告人的诉讼权利,包括落实罪刑法定与疑罪从无的法律原则和规定,以及非法证据排除的法律规定等。(3)完善对限制人身自由的侦查手段与司法措施的监督,防止非法取证,防范冤假错案。(4)保障民事诉讼中胜诉一方当事人权利的实现,解决执行难问题等。

已有的实证研究已经表明,[1]具有诉讼经验的人,因为对于法律制度以及法律制度的司法运作过程有了更切身的了解,所以相较于无诉讼经验的人,也更倾向于认可法律的正当性。因此,在司法过程中,司法机关依法严格保障诉讼当事人以及其他诉讼参与人的诉讼权利,无疑可以提高司法的权威与公信力。因此,通过对人权的司法保障,不仅可以在与案件相关的诉讼主体当中确立起法律意识,也有助于在社会大众中培养起法律意识。

就"全民守法"来讲,就是要在全社会确立法治信仰,树立起宪

---

〔1〕 参见冯晶:《支持理论下民事诉讼当事人法律意识的实证研究》,载《法学研究》2020年第1期。

法法律至上、法律面前人人平等的法治理念，全民养成办事依法、遇事找法、解决问题用法、化解矛盾靠法的观念。推动全民守法的主要措施包括：(1)开展普法宣传，通过宣传中国特色社会主义法律体系，以及与经济社会发展和人民群众利益密切相关的法律法规，来增强全民的法治观念，使社会成员能够自觉信仰和遵守法律。(2)健全普法机制，坚持宣传教育与实践相结合，落实“谁执法，谁普法”的普法责任制，完善司法人员、行政执法人员以及律师等以案释法制度，加强对诉讼当事人、诉讼参与人、利害关系人以及行政相对人的法制宣传。发挥法律服务队伍的普法职能，以及各种媒体的公益普法作用等。

就普法宣传来看，将普法的内容确定为整个法律体系、与经济社会发展以及人民群众日常生活和利益密切关联的法律法规，从理论上来讲是合理的，也非常符合“普法”的宗旨。但必须考虑到，现代法律体系是非常庞大的，而且即使限制在与经济社会发展密切相关的法律法规，其数量也仍然是比较庞大的。此外，与群众利益密切相关的法律，也会因为群众当中每个人具体情况的不同以及利益关切的不同，而呈现非常复杂且难以统一的状况。正如国外的研究所表明的，“每个现代国家都有汗牛充栋的法律、规则和条例，堆积成山的文本，数以千兆的数据。没人能了解全部，甚至大部分、一半、三分之一、十分之一，这显而易见。除此之外，其中的大多数(可能是绝大多数)，对我们的生活都没有或几乎没有关系”[1]。鉴于此，这种普法形式在实践当中的可行性以及其最终的社会效果，可能并不乐观。

此外，我们也必须承认，法律毕竟是一套高度专业化的、抽象的知识体系与规则体系，无论从国外还是国内的经验来看，对它的掌握主要还是通过系统规范的法学教育来实现的。也因此，以法律规

---

〔1〕 [美]劳伦斯·弗里德曼：《碰撞：法律如何影响人的行为》，邱遥堃译，中国民主法制出版社2021年版，第28页。

则为主要内容的普法宣传可能并不是很有效的手段。换言之,通过这种普法形式,或许并不足以让人们普遍地了解和掌握这套知识与规则,进而产生法治意识。正是基于如上的分析,在本书看来,普法宣传的内容或可以法治理念为主,而不是以法律制度甚至法律体系为主。主要的理由在于:首先,从形式上来看,这些法治理念多以法律原则或者法律格言等形式表现出来,因而更适合于向社会大众"宣传"。其次,从内容上来看,这些法治理念通常来讲都包含着比较强的道德内容,如民法当中的"诚实生活、不犯他人、各得其所"等。因此,它们也就更容易引起社会大众的道德共鸣,产生共情,换言之,也更容易"普及"。另外的一个考虑就是,现代社会的发展与变化的节奏都非常快,因此,法律规则的变化——包括"立改废释"等都相应地加快了。但是现代法治的基本理念,相对而言却要稳定得多。因此,以法治理念为主要内容的普法宣传,也更有利于"巩固"普法的实际效果,让法治理念和法治思维在社会成员中成为普遍的习惯。

(二)以"良法"促进法律意识

前文对于西方与中国法治过程的分析都表明了,"良法"是促使社会成员产生法治信仰的重要条件,这也印证了法律意识产生的规范主义路径。在西方法律传统中,衡量何为"良法"或"善法"的重要依据就是自然法观念。实质理性的自然法思想是制约国家所制定的各种法律,并促使其向善的主要力量,而形式理性的自然法思想则是促使法律成为一门系统的科学的主要动力。在中国的传统法律文化当中,则有基于"人情天理国法"相统一的观念,来衡量并约束法律。对于实在法的这种"高级法"——自然法、天理、人情——约束,当然与"高级法"思想本身所蕴含的公平与正义等道德价值相关。但无疑地,它也与当时法律制度自身的具体状况密切相关。与现代社会相比较,在前现代社会的法律制度当中,"伦理性规范"较多,因此也就适合基于自然法理念或者天理、人情观念对法律进行判断和评价,以确定其为"良法"还是"恶法",进而对其施加必要的压力,促使它成为"良法"。但是在现代社会中,随着科技的不断发展以及分工的日益复杂,规制社会各领域的法律规范从整体上来看,"技术性规范"无疑更占优势。而依据传统的自然法观念或者天理、人情观念,很难对这些技术性规范进行道德判断,以确定它的善恶。所以在现代社会中,主要通过各种程序性规定来保障国家所制定的法律是"良法"。

在中国的法治实践当中,党的领导是提高立法质量的重要保障,而且在法治中国的建设过程中具有特殊的意义。典型如历次的宪法修正案,就是由中共中央提出来的,而且它已经成为我国的一项宪法惯例。因此,党的领导对于立法,尤其是作为国家根本法——《宪法》的完善,起到了非常重要的保障与促进作用。

而良法的具体程序保障,就是坚持"科学立法、民主立法、依法立法",通过这些程序上的相应设计来提高立法质量,最终保障国家所制定的各项法律是"良法"。(1)科学立法,就是立法必须遵循事物的客观规律,从而保证制定出来的各项法律制度能够反映社会的实际,并符合客观规律的要求。正如马克思曾指出的,"立法者应该把自己看作一个自然科学家。他不是在创造法律,不是在发明法律,而仅仅是在表述法律,他用有意识的实在法把精神关系的内在规律表现出来"[1]。"立法权并不创立法律,它只披露和表述法律。"[2]实现科学立法的具体程序规定,包括健全与立法密切相关的起草、论证、协调以及审议等工作机制等,从而提高立法的针对性、及时性、系统性与可操作性。此外,也要充分利用现代科技发展所提供的各种便利手段,为立法活动提供科学技术支撑。例如,在立法过程中,可以充分利用互联网"大数据"技术,为相关立法环节提供科学、客观、准确的统计分析和决策数据支撑,从而提高立法的科学性。(2)民主立法,就是保障人民有序参与立法,使法律体现人民

---

〔1〕《马克思恩格斯全集》(第1卷),人民出版社1995年版,第347页。

〔2〕《马克思恩格斯全集》(第3卷),人民出版社2002年版,第74页。

的意志。我国法治建设的基本原则之一，就是坚持人民主体地位，民主立法就是该原则在立法过程中的具体表现。民主立法的具体措施包括：①完善代议制民主，凝聚立法共识。完善人大主导立法的工作机制，发挥人大及其常委会对于立法的审议和把关等作用，进一步发挥人大代表在各个立法环节的积极作用。②坚持开展立法协商，拓宽社会各方有序参与立法的途径。充分发挥政协委员、民主党派、工商联、无党派人士、人民团体、社会组织在立法协商中的作用。立法协商是实现民主立法的有效机制，针对我国人口规模大的现实国情，通过上述组织以及人员开展立法协商，更有助于立法内容以及立法意见建议的上传下达，从而更有效地凝聚社会共识。③健全立法征求意见机制，扩大公众参与立法的途径，提高立法的透明度。通过座谈、听证、评估、民意调查、旁听法案审议、公布法律草案征求意见等途径，广泛听取人民群众对于立法的意见建议。同时，建立健全公众意见采纳情况反馈机制，以有效回应人民群众对于立法的具体关切。(3)依法立法，就是要严格依照法律规定的权限和程序行使立法权，并保证法制的统一。

此外，建立和完善备案审查制度，将各种规范性法律文件纳入备案审查的范围。通过这一程序设计保障各项立法不与上级法相冲突，从而提高整个法律体系的系统性、科学性和有效性。通过上述一系列的程序性设计，保障每一项立法都符合宪法精神，反映人民意志，得到人民拥护。

三、传统法律文化的再生

(一)传统法律意识的转化

在当下的法治中国建设中，传统法律意识在社会大众当中仍旧普遍存在是一个客观的事实。由于完成法制现代化转型进而实现法治中国，是国家与社会整体现代化转型中极为重要的一环，所以就必须以现代法律文化为基准，对传统法律意识进行必要的分析、判断和鉴别。然后根据传统法律意识与现代法律文化之间的具体关系，分别采取不同的态度与措施，或保留、或转化，进而达成传统与现代法律文化的和谐与共生。

当然,在传统法律意识中,也存在与现代法律文化以及法治原则相统一的内容,如梁治平先生所指出的"符合自然正义"的那些要求:同案同判、罪刑相称、当事人不得裁判自己的案件、裁判者须无私无偏、秉公执法等,此外在较弱的意义上,甚至也包括了法律必须公开、法律不得溯及既往以及法律不得自相矛盾等。[1] 这些传统法律意识,可以形成对现代法律文化,包括法律制度与法律意识的有力支持,从而共同致力于形塑法治秩序。因为两种法律文化既然是一致的,那么人们即使基于其固有的传统法律意识,也会认可现代法律文化的正当性,从而接受其支配,并自觉服从法律。对于此类传统法律意识,当然需要保留,而且还要通过相应制度文化的建设,达成传统法律文化在制度文化与观念文化上的同构。只有这样,才能更好地发挥传统法律文化的作用。因此,2021 年由中共中央办公厅与国务院办公厅联合印发的《关于加强社会主义法治文化建设的意见》就明确提出,要传承中华法系的优秀思想和理念,挖掘民为邦本、礼法并用、以和为贵、明德慎刑、执法如山等中华传统法律文化精华,根据时代精神加以转化。

但是在传统法律意识中,也有不少与现代法律文化"积极冲突"的部分,换言之,与现代法律制度以及法律意识明显相悖的内容。例如,在我们的传统法律意识里,一直就有"杀人偿命,欠债还钱"的固有观念。这种法律意识,在传统语境下来看,当然具有其正当性。它们建立在人类社会最朴素的正义观念的基础之上,质言之,也就是"对等",亦即平等对待,或者一报还一报等。基于这种传统观念,只有"一命偿(抵)一命"才是公道的和符合正义的。与此同理,"欠债还钱"也是天经地义的,其中当然没有所谓"时效"的限制。而且在传统社会里甚至还有"父债子偿"的观念,这种观念和行为还会得

---

〔1〕 参见梁治平:《论法治与德治:对中国法律现代化运动的内在观察》,九州出版社 2020 年版,第 117 页。

到社会大众的嘉许称赞，因为它不仅是诚实守信的表现，更体现了中国传统文化当中位阶更高的“孝”的价值要求。

但是上述传统法律意识，不仅与现代法律文化相冲突，而且更违反了现代法律制度中的“禁止性规定”。例如对于“杀人偿命”这种传统观念，现代刑罚理念自启蒙运动之后，即开始逐渐否弃这种单纯且极端的“报复”理念。如在贝卡里亚看来，“死刑既不是必要的，也不是有益的”。[1] 随之而兴起的，则是“矫正”理念，“如果把罪犯变成劳役犯，让他用自己的劳苦来补偿它所侵犯的社会，那么，这种丧失自由的鉴戒则是长久的和痛苦的，这乃是制止犯罪的最强有力的手段”[2]。此后，这种刑罚理念逐渐在现代刑事立法当中得到了贯彻，换言之，在有关生命刑的法律规定与司法实践上，的确在限制报复，并相应地拓展各种矫正性措施的适用。而根据现代刑法中的罪刑法定原则，如果法律没有规定某种犯罪行为所适用的刑罚是死刑，或者尽管法律有规定，但根据案件事实，司法机关没有判定被告死刑，那么，即使被告的犯罪行为造成了被害人的死亡，也不会“一命偿（抵）一命”。

再如对“欠债还钱”这种传统观念，根据现代的民法理论与民事立法，对债权的保护是有“诉讼时效”上的法律限制的。如果当事人怠于行使自己的权利，并且超过了时效保护的法定期限，债权就变成了“自然之债”，它不再受到司法的保护。换言之，现代法律文化不承认没有时间限制的债权主张的合法性以及正当性。

以上所举的两个例子，都属于传统法律意识与现代法律文化积极冲突中的第一种，即传统法律意识肯定，但现代法律意识与法律制度否定的情形。鉴于前者违反了后者的“禁止性规定”，所以基于法制现代化转型的要求，就必须对前者加以改造。换言之，就是要

---

〔1〕 参见［意］贝卡里亚：《论犯罪与刑罚》，黄风译，中国法制出版社2005年版，第56页。

〔2〕 ［意］贝卡里亚：《论犯罪与刑罚》，黄风译，中国法制出版社2005年版，第58页。

通过严格的执法和司法活动，以及广泛的普法宣传，改造行政相对人、诉讼当事人以及社会大众固有的传统观念，并确立起相应的现代法律意识。

传统法律意识与现代法律文化积极冲突的另一种类型，则是前者否定但后者肯定的情形。例如，在父母死亡后遗产的继承问题上，传统的观念与做法是“男女有别”，即只有儿子才有权继承，女儿尤其是出嫁后的女儿是不能继承的。但如果依据现代法律文化，无论在观念上还是在制度上，儿子与女儿都没有区别，他们对父母留下的遗产都有继承的权利。当然，这种男女有别的继承观念与做法，也的确有更为深厚的社会原因，那就是在传统上，对父母生前的赡养义务是由儿子负担的，出嫁后的女儿是没有赡养父母的道德义务的。对于上述这类情况，由于现代法律文化是“肯定”的，从法律制度上看，属于赋权性规定而非禁止性规定，那么权利人自然有选择行使与否的自由。正是基于这种认识，就应当承认传统法律意识的“否定”，实则就属于其中的一种“选择”。因此，现代法律文化就应当给予传统法律文化发挥其规范功能的相应制度空间，这在本质上并不违反现代法律制度以及法律意识。就上面这个具体的例子来说，女儿当然可以选择遵守传统法律文化的约束，即不主张其对于父母遗产的继承权。而且她的这种选择也符合法律的规定，相当于放弃了她在法律上的继承权。此外，她当然也可以选择不遵守传统法律文化的约束，转而寻求现代法律制度的保护与救济，即主张自己的继承权。因为就制度而言，只有现代法律制度才是“刚性”的约束。两种选择对于她而言，都有“收益”，也都有“成本”。但无论她选择接受哪种法律文化的约束，都说明那一种法律文化在发挥形塑社会秩序的功能。因此，尽管也与现代法律文化存在积极冲突，但这一类的传统法律意识却应当保留，并建立和完善与其相应的制度，从而实现传统法律文化在制度文化与观念文化上的同构。

传统法律意识与现代法律文化的最后一类对应关系，是消极冲突关系。对于这类冲突中的第一种，即传统法律意识未涉及，但现代法律文化涉及的情况,这里无须讨论。因为在这种情况下,需要解决的主要问题是现代法律意识的确立与普及问题,这在上文已经论述过了。消极冲突的第二种情况,是现代法律文化未涉及,但传统法律意识涉及的情形。在这种情况下,由于现代法律文化完全属于“空白”状态,所以实际发挥形塑社会秩序功能的,是传统法律文化。故此,这类传统法律意识自当予以保留,同时在制度层面也要进行相应的完善,以达成传统法律文化的同构。

(二)传统法律制度的再生

基于上文的分析,在传统法律意识与现代法律文化的三种不同的对应关系当中,传统法律意识呈现出全部或者部分地适合现代法治的状态。因此,其适合现代法治的部分,就可与现代法律文化一起,共同助力法治秩序的建构。在此前提下,传统法律制度的“再生”就成了问题的关键。因为对于传统法律文化而言,其“同构性不足”的问题,主要就表现在制度层面。但是,本书并不意在探讨传统法律制度具体该如何建立或者完善之类的问题,其原因主要有如下两点:首先,就传统法律文化而言,无论其制度还是观念,都是人们在长期的社会交往与博弈的复杂过程当中,经过不断的“试错”而逐渐形成的,它们不是也不应当是“设计”出来的;其次,本书注重的是理论研究,意在探索并阐明现象背后的原理,而非提出相关的制度设计方案。所以,关于传统法律制度,本书想探讨的是,在当下的法治语境下,它得以“再生”的制度空间是怎样的。具体而言,就包括了它得以产生的制度空间,以及它发挥作用的制度空间的问题。

首先,传统法律制度只能以“非正式制度”的形式产生并维持其存在。换言之,从严格与规范的意义上来讲,它并不是法律,而只是一种社会规范。它不是由国家制定的,而是从社会中产生的,它是法律多元的一种表现。这种正式制度与非正式制度相互支撑,共同形塑社会秩序的状态,在传统中国的社会治理当中也曾存在。根据黄宗智先生的研究,中国古代的正式的“正义体系”,[1]主要是由刑事法律所构成的。但是在司法实践当中,其实各种具体的民事关系(民间细事)很少是根据上述正式的正义体系,即刑事法律来处理的。因为在这个以刑法为主要表征的正式的正义体系之外,还存在一个非正式的“民事正义体系”。黄宗智先生认为,“与西方的现代大陆法系相比,中国古代成文民事法律固然显得比较单薄,但配合整个非正式纠纷解决体系来理解,无疑组成了一个作用极其庞大的民事正义体系”[2]。这个非正式正义体系的主要内容,就是在民间调解过程中所逐渐发展出来的各种规则以及相应的理念。而这一非正式正义体系的主要社会作用,就在于自主处理民间纠纷,使矛盾最小化,从而避免其发展进而激化成诉讼甚至是刑事案件。当然,如果利用这个非正式的正义体系没有解决问题,那就转由正式的正义体系来处理。在黄宗智先生看来,两种正义体系同时并存,进而实现民法与刑法之间的交搭与互动,正是中华法系的一大特色。而且,“古代正义体系中的律典之所以会‘以刑为主’,是因为它能够凭借其庞大有效的非正式正义体系来解决大部分的民间细事纠纷”[3]。

现代社会的一个典型特征就是多元化,因此现代社会的治理,也应当是多元化规则体系的治理。换言之,除了正式的法律制度之外,还应当有各种非正式的制度。在我们当下的法治建设中,其实也在强调“非正式制度”的建设。如《法治社会建设实施纲要(2020—2025年)》就明确指出要促进社会规范建设,以充分发挥

---

[1] 所谓“正义体系”(justice system),按照黄宗智先生的界定,它不仅包括制度,更包括了制度的理论和制度的实际运作(实践)。参见黄宗智:《中国的新型正义体系:实践与理论》,广西师范大学出版社2020年版,第177-181页。

[2] 黄宗智:《中国的新型正义体系:实践与理论》,广西师范大学出版社2020年版,第178页。

[3] 黄宗智:《中国的新型正义体系:实践与理论》,广西师范大学出版社2020年版,第182页。

社会规范在协调社会关系、约束社会行为以及维护社会秩序中的积极作用,推动社会成员自我约束、自我管理与自我规范。此外,《法治中国建设规划(2020—2025 年)》所提出的完善社会矛盾纠纷多元预防调处化解综合机制,其实也包含了对多元规则体系的要求。因为既然解决矛盾纠纷的方式是多元的,那么,解决矛盾纠纷的规则也自然就应当是多元的。在本书看来,国家关于法治建设的上述顶层设计,就为传统法律制度的建立和发展,提供了必要的制度空间。传统"法律"制度既然是非正式制度,那么,它就当然属于"社会规范"的范畴。换言之,它可以在上述政策的支持下,获得"再生"。

其次,是传统法律制度发挥其规范作用的制度空间问题。在多元规则体系下,正式的法律制度既是该体系的重要组成部分,也是这种多元规则体系,以及多元治理方式的"刚性"边界。换言之,正式的法律制度既是对这种多元规则体系以及多元治理方式的保障,也是对它们的刚性约束。因此,对于传统"法律"制度而言,需不违反正式的法律制度中的"禁止性规定",以及不违反其"法律原则"。只有在这个前提之下,它才可以发挥其规范作用进而形塑社会秩序。

结 语

中国的法制现代化转型是一个艰巨的历史过程，对于这个历经一百多年的转型过程，当然会有各种不同视角和方法的学术分析。本书则是从法律文化的角度来审视它，主要是基于法律文化当中制度文化与观念文化的"同构性"这个关键点，来看待法制现代化转型过程。进而揭示法律意识在其中所起的作用，以及其所面临的困境。同样地，基于制度文化与观念文化的同构性，本书也为解决上述困境提出了相应的理论主张。

必须承认，所有的研究视角都有其无可避免的片面性，因为它只在自己的那个角度上发现并提出了问题；同时，也仅从这个角度为解决问题提供了某些思路。但问题本身，除这个观察与分析的角度之外，还会有其他更多的角度。所以，对于法制现代化转型的研究，除采用法律文化的视角之外，还会有很多其他的视角。而且即使采用文化的研究视角，除制度文化与观念文化的"同构性"这一关键点之外，也无疑还有其他的"关键点"存在。本书希望在目前这个研究基础之上，能再找到其他的视角或者其他的关键点，来不断深化对于法制转型的研究。